メディア文化の
社会学

加藤晴明【著】

福村出版

Ⓡ〈日本複写権センター委託出版物〉
本書の全部または一部を無断で複写複製（コピー）することは、著作権法上での例外を除き、禁じられています。本書からの複写を希望される場合は、日本複写権センター（03-3401-2382）にご連絡下さい。

まえがき

　情報社会の文献を読むたびに「著者は本当にどこまで信じ検証して語っているのか」と思わせられてしまうものがあまりにも多い。情報社会のあるべき姿を説教しながら呈示してみせるような情報制度論や情報"理想"社会論，また"社会的意義"があるかないかだけでメディアを審判するような"建前の語り"があまりに多いからである。

　本書は，そうした"建前の情報社会論"に対して，パーソナル・メディア経験使用の"生活現場"に焦点を当てた"本音"の情報メディアの社会をめぐる語りを目指す試みである。"現場"というのは，普段，私自身が経験している電話やケータイ，またメール交換やホームページ・掲示板利用であり，また私が大学という職場で日常的に接している学生たちの普段着のメディア・ライフである。〈パーソナル・メディアから立ち上げる普段着の情報社会論〉のために，本書では，電話・インターネット・そしてテレビゲームの3つに絞ったメディア文化論を展開している。

　第Ⅰ部1章では，なぜマスメディア論ではなくパーソナル・メディアから考えなければならないかを語っている。2章では個別のメディア経験を考える際の最低限の目配りとして，都市化・記号化・リアリティ問題・自己の情報化などの〈思考の道具〉ともいえる要素を説明している。いわば，情報化を考えるための思考の準備体操のような章である。

　第Ⅱ部では，電話とインターネットとゲームという3つのメディア空間のその独特なリアリティやメディアの文化的特性について"現場"と"理論"の両面から描いている。3章は電話のメディア特性，4章は電話風俗とケータイ文化，5章はCMC（コンピュータ通信），6章はメール交換という文化，7章はテレビゲーム経験である。私自身のメディア・ライフ，講義での学生たちとのコミュニケーション，「メディア文化研究」をテーマとして営んできた中京大学社会学部の私のゼミの共同研究からみえてくる"現場"が盛り込まれるとともに，3つのメディア経験をめぐる理論や文献についても基本的にフォロー

して語っているつもりである。

　本書が一貫して強調した語りは,〈情報の主人公〉〈自己の肥大〉〈自己都合型コミュニケーション〉〈自己物語〉など「自己」という視点から浮かび上がってくる景観である。また,〈メディア・パートナー〉〈出会い系メディア空間の社会的装置化〉〈代替可能な出会い〉〈メディア・ドラマトゥルギー〉などの造語を用いることで,ケータイからインターネットにいたるメディア・コミュニケーションの"現場"の説明を試みてみた。たくさんの造語をつくらざるをえなかったのは,"新しい現場"を説明するためには"建前重視"の従来の情報社会論・メディア論があまり役に立たなかったからでもある。例えば,電話風俗とインターネットの"連続性"などは情報社会論のタブーでさえある。

　〈メディア空間・自己・物語〉を強調していることからもわかるように,本書では,極力,コミュニケーション論やネット・コミュニティ論には与しない姿勢をとっている。コミュニケーションという言葉を使うことで発生してしまうある種の"空疎な了解"を徹底的に排除したかったからである。そうしないかぎりメディア社会は"美しいコミュニケーション型社会の到来"という"お定まりの語りのフレーム"に終息してしまう。

　また精神分析に興味をもちつつも安易にJ. ラカンを引用して「メディア分身論」の語りに陥ることも避けている。「メディア化された分裂する自己」のようなメディア論は,一見わかりやすいし,症例として探せば発見することも困難ではないだろう。シェリー・タークルの『ライフ・オン・ザ・スクリーン』に代表されるアメリカの心理学系メディア本の仰々しい"絵になる語り"には共感は覚えない。特異なケースによって検証するのではなく,私たちの普段着の携帯使用やインターネット使用の"生活空間の現場"から語りを始めるべきである。

　情報社会論,メディア論としては極めて"異端"ともいえる〈綺想のメディア論〉をまとめるにあたっては,私自身の比較的長い期間のメディア空間(コンピュータ通信や電話)での生活経験,そしてそこでの出会いや取材から感じる"手ざわり"が基盤になっている。また,この5年間,大学のゼミの学生たちと綴ってきた,ゲーム,電話,メディア・フレンド,ポピュラー音楽などをテーマにした6冊の『メディア文化研究報告書』がもうひとつの"手ざわり"

である。

　メディア文化論を単なる若者論として論じないことを心がけながらも，"同時代者の視点"からメディア経験を検証・記録する教育的な共同研究作業は，私にとっての何よりの教師でもあった。私の突きつけた難題をこなしてきた歴代の"メディア文化に濃い"ゼミ生たちに感謝したい。

　本書の"語り"は，理論のための理論でも文献の収集から浮かび上がる情報社会論や社会学ではなく，自らの等身大の情報社会"語り"に徹しているつもりである。最近の学生たちと接していて感じるのは，学生たちが教員を査定する視線の質がかなりシビアになってきていると思える点である。「お前は，研究者である以前に，ひとりの人間として，ひとりの男性として，どんな日常生活をし，どんな家庭を営み，どんな性愛を経験し，どんな価値観で私的なライフを享受してるいのか」。普通のレベルの私立大学の学生たちは，逆に，素朴ではあるがかなり厳しい査定軸で大学教員を"距離をもって"見つめている。

　本書は，"私自身"が普段講義で実践し，自分にとって一番使いやすい教科書づくりを目的として書かれた本であるが，背後にこうした学生たちの審判の眼差しに，自らの経験と自らの言葉で"自信をもって語れること"のみを語るのだというスタンスの選択が込められている。

　情報社会という厄介な主題を学生に語る営みを通じて思い知らされるのは，教員が本当に"自分の言葉"を使った自信ある語りを呈示することの必要性である。そして，偏差値という基準を超えて，教室という"私語空間"と対峙する唯一の戦略は，"自前の言葉"を駆使した"感動する空間づくり"や対話型の講義なのだと強く確信するこの頃である。

　本書は，第Ⅰ部に理論的な説明部分を配置していることもあり，必ずしも第Ⅰ部から読みはじめる必要はない。第Ⅱ部のなかの読者の関心のある章から読みはじめ，最後に第Ⅰ部か第Ⅲ部を読んでも，本書の全体の構図は理解できるように配置されている。

　また本書では，フォーマット，プロトコル，フレームという語を多用した。この点についてだけ，本書での意識的な使い方について若干の説明を加えておきたい。

〈フォーマット＝行為の様式・形態・モード〉

　本書では，「感覚のフォーマット」という使い方も多用している。基本的に，メディア行為，メディア経験の実態における行動や審美的な感覚（美しさやカッコヨサの感覚）のなかに含まれている"共通の様式"や"共通の形態"を表すために用いている。本書では時代や場所や社会に応じて，メディアが可能にする「振る舞い方の様式」があると考えている。もちろん，メディアが私たちの行為をすべて差配しているというメディア決定論に陥ることは避けたいが，この語をメディアの影響力や特性を抽出する用語として用いている。メディア文化研究の領域では一般には，ドラマなどの物語フォーマットやメディアの文法などの語が使われることが多いが，本書ではそうしたメディア作品をつくる側の意図を表す場合にはフレームという語を用いた。

〈プロトコル＝接合フォーマット〉

　メディア行為・メディア経験の振る舞い方の実態に関わる様式の一部分である。とりわけ，コミュニケーションの構造に関わって相互の接合部分での（内面的な規範も含めて）振る舞い方の範型（フォーマット）を表す語としてプロトコルを用いている。通信手順が語源であるが，日常経験のコミュニケーションの現場で，相互のコミュニケーションを読み解く「規範」や「典範（コード）」として用いられている（参照：ヨコタ村上孝之『性のプロトコル』新曜社　1997）。

〈フレーム＝説明枠組み，枠取り・フィルター〉

　研究者や語り部が，現象を説明する際にかぶせるフィルターである。説明の"仕方"である。だから，例えば「メディアが可能にするフレーム」という言い方はしない。その場合には，プロトコルやフォーマットである。フィルターとは，対象を指示するサーチライトのようなもの，抽象化（捨象化）のフレームである。それ自体はもやもやとした豊かな森のような"現場"に対して，ある説明フレームやフィルターを選択し，それを通すことで説得力の獲得競争が展開される。

2001年2月

加藤晴明

目　次

まえがき

第Ⅰ部　メディア文化を学ぶということ
　　　　～パーソナル・メディアから考える情報メディア社会論宣言～

1章　マスメディア論を超えて ………………………………………10
　　～メディア対オーディエンスの二元論～
　　1節　マスメディア"論"の基本フレームとテレビ時代の問い ………10
　　2節　新しいメディアの主体を求めて ………………………………14

2章　電子メディア経験を考えるための〈思考の出発点〉 …………24
　　1節　広義の視点からみる情報化現象 ………………………………24
　　2節　情報メディア経験にアプローチするための思考の出発点 ………38
　　　　coffee break　園芸ブームについて
　　　　　　　　花を通じて"自己を語る"文化の到来（46）

第Ⅱ部　メディア空間文化の諸相
　　　　～パーソナル・メディア経験の"ざわめき"～

3章　電話というメディア空間の文化～声のリアリティ～ …………50
　　1節　電話に託された社会的想像力～電話史からみえること～ ………50
　　2節　電話の変身　～女性交換手とおしゃべり電話～ ………………53
　　3節　電話コミュニケーションのメディア特性 ………………………57
　　　　～緊張と悦楽のメディア～

4章　〈情報の主人公〉となれる電話メディア …………………………73
　　～電話風俗とケータイ文化～
　　1節　電話風俗と〈自己物語のリライト願望〉 ………………………73
　　2節　携帯電話と〈自己都合型コミットメント〉 ……………………82
　　　　coffee break　若者コミュニケーションの行方（96）

5章　コンピュータ・コミュニケーションのメディア文化……………100
　　1節　文字コミュニケーションの衝撃とそのメディア特性 ………101
　　2節　CMCをめぐるいつも変わらない不思議な魅力 ……………105
　　3節　CMCという解放のメディア ………………………………111
6章　Eメールの文化社会学～メール空間と『二世界問題』～ ………126
　　1節　メール・フレンドという美しい物語 ………………………126
　　2節　メディア社会のフレンドシップとは？ ……………………137
　　　　coffee break　深夜のネット徘徊に潜む"欲望"を読む（144）
7章　テレビゲーム経験にみるメディア文化……………………………148
　　　　～自在感覚・主人公感覚の定着～
　　1節　ゲームをめぐる主題設定～ゲームはネオ視聴覚文化か？～ …………148
　　2節　青年論としてのゲーム～オタク論・自己論～ ……………151
　　3節　ゲームの変容と始源 …………………………………………153
　　4節　メディア経験としてのテレビゲーム～おもしろさ論～ ……157

第Ⅲ部　メディア文化理解のための理論的道具箱
～社会学とメディア論の"複眼的な視点"から～

8章　電子メディア経験と社会学的道具箱………………………………168
　　1節　情報化の背景にある「社会の変化」を語る理論 ……………168
　　2節　社会学の理論的な道具箱 ……………………………………170
9章　メディアの歴史とメディアの理論…………………………………175
　　1節　メディア文化史の射程 ………………………………………175
　　2節　メディア論の道具箱 …………………………………………177
　　　　coffee break　情報リテラシーとメディア・リテラシー（189）

あとがき
人名索引・事項索引

第Ⅰ部

メディア文化を学ぶということ
～パーソナル・メディアから考える情報メディア社会論宣言～

第Ⅰ部の位置づけは，情報メディア，電子メディア経験や情報社会を見つめていく出発点の確認にある。1章では，マスメディア論が抱えている共通の語りのフレームを整理し，そうした枠組みの限界を超えていくため方向性に関する議論を紹介する。2章では，さらに身近な電子メディア経験を考えるための〈思考の道具箱〉を提供する。とりわけ，情報化現象の背景にある都市化，記号化，リアリティの希薄化，自己の情報化，情報事業，メディア・コミュニケーションなどに焦点を当てながら，パーソナル・メディアから情報化現象を考える必要性を提起する。

1章　マスメディア論を超えて
～メディア対オーディエンスの二元論～

1節　マスメディア"論"の基本フレームとテレビ時代の問い

● **はじめに：1985年革命～今，思えば～**

　インターネットの登場以来，情報やコンピュータという言葉よりも，「メディア」という言葉がずいぶんと身近になってきた。日本で「メディア」という言葉がかなり意識して使われ出したのは，情報技術（IT：Information Technology）が，生活に身近な道具として入り込んできてからである。そんな転換点としてまず注目したいのは1985年である。

　もちろん私たちがもし本格的に情報メディア経験の歴史に焦点を当てるなら，以下のような人類史を遡る3つのスケール（測定のモノサシ）を持ち出す必要が出てくる。

① 　マスメディア論では説明しきれない電子メディア経験の登場
② 　電気的複製メディアの100年，あるいは，幻想・幻惑型視覚メディア装置史の200年
③ 　身体表現，言語の発明・文字の発明・活字の発明も含めたメディア史からみた人類史の全域

　こうした三重のメディア経験史の測定スケールが歴史的な考察には必要であることを前提とした上で，本書は，あえて日本の1985年以降の変化に着目する。1985年。それは，電信電話公社（電電公社）が民営化され，電気通信事業法の改正がおこなわれた年である。一見単なる政策上の変化があった年であるように思われるが，この年，情報技術は，わかりやすい3つの大きな出来事として私たちの生活に浸透しはじめた。

　第1に，電電公社の民営化にともない，電話利用の多様化・端末開放がおこなわれ，第2に電話線（公衆回線）を利用したコンピュータ通信が公然と利用

できるようになったこと。そして，第3にまったく別な文脈で，1983年に発売されたファミリーコンピュータのソフト「スーパーマリオブラザーズ」が爆発的なヒットとなったことである。本書で取り扱う，電話・コンピュータ通信・ゲームという生活に身近なメディアにとって，1985年は，まさしく"元年"なのである。

　これらは，一見したところ別個の3つの出来事であるが，しかし，メディアと私たちの関わりの歴史的な変化を考える上で重要な"共通性"が浮かび上がってくる。①電話，パソコン，ゲーム機という情報メディア機器は，すべて私たちのパーソナルな道具メディアである点。つまり〈メディアのパーソナル化〉。②仕事に役立つ道具というだけでなく，それぞれ私的な楽しみのための道具＝メディアである点。つまり〈コンサマトリー（非実利的・非道具的・遊戯的・享受的・自足的）なメディア利用〉。要約すれば〈メディアのパーソナル化〉と〈コンサマトリーなメディア使用〉という共通性である。

　情報社会や情報化現象を，政策学や社会問題としてではなく，私たちの経験変容の問題として理解するには，この〈パーソナル化〉〈コンサマトリー化〉を出発点に，新しい情報技術を満載したさまざまなメディアが生活に密着して使われる"生活内化"することの意味を考えていくことが大切である。

　情報メディアをパーソナルに使用するというのは，極めて新しい経験である。そして，新しいメディアの利用は，従来のマスコミについての考え方や研究では解けない，さまざまな現象や考えるべきテーマを提供してきている。しかし，今日のように，パーソナルなメディア使用やパーソナル・コミュニケーションが注目されるまで，メディアについて考察することは，ほとんどマスメディアについて考察することだけを意味していた。

　そこで，まずはじめに，マスメディアをめぐる語りの共通フレームを整理し，そうした語りのフレームの限界問題を通して，電子メディア経験が投げかける新しい主題を探求してみよう。

● **テレビ時代と疑似現実論：リップマンとブーアスティン**

　私たちにとって，前世紀である20世紀のもっとも身近な情報メディアは，テレビである。テレビの普及は私たちに"マスメディアの影響とは何か"を考え

させ，さらに疑似環境，情報的現実，情報化社会という言葉を生み出した。こうしたテレビ時代のもっとも有名な格言は M.マクルーハンの「メディアはメッセージである」だが，そのインパクトを「疑似」という視点から語ってみせたのは W.リップマンの『世論』(1922) や D.ブーアスティンの『幻影の時代』(1962) である。彼らはマスメディアの「情報・ニュース制作過程」に着目し，マスメディア社会では，①一般市民ではなく "マスコミ（取材・編集事業者)" が，② "現実をつくる" ことを強調した。「マスメディアが，情報環境を製造し，視聴者がその情報環境に影響され操作される」というのが彼らの共通の語りの枠組みの構図（フレーム）である。

　リップマンは，人間をとりまく現実の環境としての「現実環境」と，人びとがステレオタイプ化して頭のなかで描く「頭のなかの絵」(pictures in our head) としての「疑似環境」とを分けた。そして，現実環境のコピーによった着色され記号化された世界を，現代の世論考察のキー概念として提起している。マスメディアによる現実のコピー世界の形成，「擬似環境の環境化」（早川善治郎『マス・コミュニケーション入門』）というこの考えは，日本でも清水幾太郎など初期のマスメディア社会論，情報社会論に影響を与えてきた。これらの語りでは，「コピーの支配」「心理的暴力」「麻薬的悪作用」(P.ラザースフェルド，R.マートン) など，マスメディアのマイナス影響に焦点が当てられている。

　リップマンと同様に，ブーアスティンは複製技術革命（グラフィック革命）によって，私たちの出来事の経験が，自然発生的なものではなくなり，人工的につくられた現実，つまり「疑似イベント」になってきたことに着目し，「本当の現実」と対比的に論じている。

　複製メディアによって現実が凌駕されていく，つまり生の「現実」のほうが色褪せたものとなり，マスコミを中心とするメディアによって捏造された事実，報道された事実のほう，つまり「疑似イベント」が現実らしくなって人びとを惹きつけるというのがブーアスティンの基本的な立場である。「いきいきしたイメジのほうが青ざめた現実を圧倒するに至ったのである」（ブーアスティン『幻影の時代』22頁）。疑似イベントについては，有名な逸話が引用されている。友人「まあなんてかわいらしいあかちゃんですこと」。母親「いいえ，たいしたことございませんわ。実物よりも写真のほうを見てくださいな」。この逸話

は，メディアによって記録された「現実」の意味を考える上で興味ぶかい。

ブーアスティンのイメージ論の特徴は，本当の現実や生の現実が"存在する"ことが前提になっている。そして，メディアによってつくられるイメージ（情報的現実）のほうが人びとを魅了していることが現代の危機として物語られる。ブーアスティンは，メディアと社会を考える際に，今日に通じる幾つもの主題を提起している。まず，「本当の現実」対「メディアのつくる現実」という二分法である。「現実」／「虚構」，「オリジナル」／「コピー」，これが今日までに通じる基本主題である。

こうした二分法はわかりやすい。そして，マスメディアのつくる疑似現実に対して，ブーアスティンも「このままではいけない」ことを繰り返す。こうして教訓的な・啓蒙的な視点からは，「マスメディアのつくる『疑似現実』に自覚的になり，騙されないようにしなければならない」式の今日まで続く典型的なメディア・リテラシー論の語りが派生してくることになる。

M.エスリンの『テレビ時代』もドラマに焦点を当てながら，テレビが「編集」という要素によって演劇上演の要素を確保し，私たちに「白昼夢」を見させてくれることを強調する。テレビメディアが描く現実は，本質的に「演劇的・フィクション的・幻影的特性」をもつ点を語るエスリンのテレビ論は，テレビの現実構成力に着目する点で，ブーアスティンらと同型の語りのフレームを形成しているといえる。

今日の視点からみてブーアスティンの大げさでロマンチックな語りのなかで価値があるのは，マスコミのつくる疑似現実に騙されないという意味でのメディア・リテラシーの問題よりも，現実と思っているものの基盤や現実感覚自体が希薄化し，境界があいまいにならざるをえないメディア社会の到来の"予感"である。「なにがオリジナルで，なにが経験の複製であるかについてのわれわれの感覚は混乱しているのである」（ブーアスティン，前掲書，180頁）の言葉のように，メディアのもつ現実錯乱の力にこそ着目しているように読める。「現実には写真は，（芸術的イメージを産み出す手段というよりも）一種のナルシズムである」。

彼のこの指摘は，メディアに映された対象のもつ惑乱的な性格をよく指摘している。「メディアそれ自体がもつ感覚惑乱の力」，これがもうひとつの隠され

た主題である。要約すれば，ブーアスティンのイメージ論は，①〈オリジナル対コピー（人工・疑似現実）問題〉，②〈メディア・リテラシー（啓発プログラム）の必要性〉，③〈メディアの惑乱的力〉という3つのメディア考察の主題を投げかけているのである。

● **マスメディア（送り手）の影響力対オーディエンス（受け手）の力**

　20世紀に登場した大衆社会論の語りは，メディアを駆使して大衆を先導するエリートと自ら支配されることを望む愚鈍な大衆という二分法図式を提起した。これとまったく同様の議論の型が，マスメディアについての議論にも当てはまる。つまり，大衆社会論のエリートと大衆の関係という二元的な構図（説明フレーム）は，マスメディア（送り手）と受容者（受け手）の関係の問題へと焼き直されて議論されてきた。そこでは，大衆つまり視聴者＝オーディエンス（受け手）は，マスメディアによって影響されるのか否かが主題となり，「情報・ニュース制作過程」よりも，マスメディアの「受容過程」が着目された。

　こうした受容理論は，マスメディアの力が視聴者・受容者にどの程度効果があるかということを焦点に据えているため「効果」理論といわれているが，語りの構図はマスメディアの影響力を強いと考える「強化説」と，限定的なものと考える「限定効果論」に分かれる。

　ブーアスティン，エスリンらが1960年代から80年代のアメリカでのテレビの強い影響力を語っているのは，受容理論の「強化説」の語りと共振しているともいえる。マスメディアの力が強力であるとするなら，視聴者・受容者の主体性や選択性は確保されないのだろうか。これは，マスメディアの現実・研究が抱える大きな主題である。ただ，マスメディアをめぐる議論は，どこまでも〈受容的なメディア経験〉の枠内での地平にとどまっている。電子メディア経験との大きな差異がここにある。

2節　新しいメディアの主体を求めて

● **マスメディアを超えるメディアへの期待**

　さて，これまでマスメディアの研究においてマスメディアの影響・効果につ

いての思考のパターンを整理してきた。そしてそうした論議のなかで，常に査定されていたのはマスメディア（送り手）対オーディエンス（受け手）の格差拡大構図のなかで，格差を是正し，情報空間を自由で公平なものにし，「送り手」と「受け手」の双方向性，コミュニケーション構造をいかに確保するかという主題であった。それはまた受け手の自由度や主体性をいかに確保するかという主題であった。"ニュー"という言葉には，そうした格差是正，双方向型・参加交流型の情報の流れ＝情報流への構造改革の期待が込められている。つまり"一方向的な受容"を超えるメディア経験への期待が込められているわけである。

　国民国家の政府・企業とともにマスメディアもまた第三の権力といわれるが，それもまた情報流の独占の構図において変わらないからである。情報の流れ＝情報流という視点からみれば，マスメディアはしばしば一方的に，つまり編集局，放送局の意思で一方向的（one way）に情報を流す。そこには，視聴者・受容者からの参加のチャンネルが制約されている。

　例えば実際のマスメディア制作現場では，視聴者からのレスポンスは，番組宛ての手紙や，投稿欄，読者カードなどに限られている。新聞の投稿欄にしても，実際に新聞に掲載されるのは，投稿欄の編集というフィルターを通してである。テレビでは，視聴率以外に番組評価の査定軸がないのが現状である。いわば，情報流の独占の構図だけをみるなら，マスメディアもまた，私たちに"お情け頂戴"と"土下座"を強いてきた権力的な存在であった。

　マスメディアは，編集局からの一方向性という情報流の構造を宿命的に宿しているわけだが，これに対してもっと購読者・視聴者・受容者の選択・参加の方向，つまりマスメディアとのコミュニカティブ（情報交流的な）構造をもちえないのか。あるいは，マスメディアに代わる，双方向的な特性を備えた新しいメディアが社会的に装置化できないのだろうか。これが"ニュー"なメディアへの期待，情報社会への期待の共通項である。

● "ニュー"なメディア

　情報メディア産業の再編（メディア再編）やメディアの機能やサービス事情自体の融合（メディア融合）など，情報社会は，常にマスメディアに対峙する

新しい受容者，メディア主体像を求めてきた。すなわち，一方的受け手に代わる主人公を求めてきた。1970年代のワイヤードシティ・ブーム，80年代初頭のニューメディア・ブーム，80年代後半のパソコン通信ブーム，95年のインターネット・ブームなど，いつも「今度は本物」と思わせながら展開してきた。

ブームは変わっても，そこには新しいメディア（ニューメディア）に託された共通の夢がある。それは，マスメディアの一方向的（one way）構造を超える双方向性コミュニケーションへの夢である。放送メディアをみてもそのメディア特性は明白である。「放送メディアのひとつのメディア・システムとしての特色は，放送局という情報の送り手が一方的に情報内容と放送時刻を設定し，広い範囲にわたって同時一斉にその情報を番組として放送するという点にある」（香内三朗・山本武利ほか『現代メディア論』171頁）。

ニューメディア・ブームは，マスメディアが隆盛となった社会以降に，そうしたメディアの一方向的な情報流の構造を内省していく社会的期待の総体とでもいえるかもしれない。マスとパーソナルとの中間に，それぞれに架橋できる中間の，境界域のコミュニケーションを可能にできないか。それは，メディアに託された人類の欲望であり夢ともいえる。"ニュー"なメディアは，常に〈越境化〉，〈境界のあいまい化〉という共約項をもっている。

初期のニューメディアの古典ともいえる『ニューメディア』(1984) を著したR.E.ライスは，「情報を符号化・伝達・分配・表示したりする際の新しい方式がもっともはっきりしたかたちで現れるのは，新しいコミュニケーションテクノロジーの形態を通じてである」「（いろいろな技術的変化があるが……）もっとも重要なことは，人間が新しいかたちでコミュニケーションしだしたということである」(Rice, R. E. *The New Media.*）。

ライスは，新しいコミュニケーション・メディアによる〈境界のあいまい化〉と，それによる相互接続性（インターアクティビティ）を強調する。①技術と芸術，②広域的（一般的）なアクセスと狭域的（限定的）アクセス，③規制されたメディアと規制されないメディア，④コミュニケーションとデータ処理，⑤時間と空間，⑥積極的コントロールと受動的コントロール，⑦伝達と受信。こうした7つの位相のなかでもとりわけ⑥⑦の間での〈境界のあいまい化〉が重要であるとして，メディエイテット・グループ・コミュニケーションとして

の電子会議の重要性を指摘する。ライスは，電子会議のようなメディア・コミュニケーションこそが，相互接続性（インターアクティビティ）の実現とみなすからである。

そして，"ニュー"なメディアへの期待は，「いつでも（anytime）」「どこ（から）でも（anywhere）」「誰でも（anyone）」「好きな情報」を取り出せるという夢とも結びついている。いわば，情報への選択性の高い社会の夢である。この夢は，ライスのような当初から電子会議に熱い期待を寄せる立場とは別に，テレビメディアの議論の延長線上で既存のテレビメディア文化の限界を超える道としても模索されてきた。

● 一方的受け手論からの抜け道①：多チャンネル化とメディア受容の選択幅の拡大

　テレビ視聴態度における積極性・能動性の発見・確保は，一方的な受け手論からの第1の抜け道であった。新しいメディア時代への期待は，大筋で「多メディア化」にあるわけだが，この「多」には，①メディア区分の〈境界のあいまい化〉，②「多」様なメディアの登場，③社会の多元的なセクターでのメディア変容の進展といった内容が込められている。マスメディアとの関係では，「多メディア化」は，「パーソナル化」と「多チャンネル化」という形で期待され事業実践され，また情報消費されてきた（東京大学社会情報研究所『多チャンネル化と視聴行動』）。

　多チャンネル化は，視聴者のチャンネル選択への積極的関わりに，視聴者・受容者の能動性・主体性を発見しようという期待が込められており，そこにはメディアと社会の関係について，ある種の楽観的な立場をみてとることができる。

　人びとのチャンネル選択については，〈ザッピング〉〈フリッピング〉〈ジッピング〉など，リモコンの普及，CMの回避などを指標にしてチャンネル選択行動という名の主体性を発見しようとしてきた。例えば，〈ザッピング（zapping)〉……番組途中でチャンネルを切り替えてCMを回避すること，〈フリッピング（flipping)〉……チャンネルを切り替えながら複数番組を並行視聴すること，〈ジッピング（zipping)〉……ビデオ再生視聴の際に，CMを早送りして回避すること，などである。

こうした研究や議論には，ともかく多チャンネルに対する積極的な選択行動を発見することで，「視聴という行為の変質と多様化の進展」を評価的に捉えたいという〈思考のパターン〉がみられる。

● 一方的な受け手論からの抜け道②：批判的視聴者への期待

比較的，オーディエンス個々人の視聴選択行動に焦点を当てるアメリカのマスメディア研究に対して，イギリスのS.ホールらは，バーミンガム大学の現代文化研究センター（Center for Contemporary Cultural Center）を拠点に，カルチュラル・スタディーズという新しいメディア研究の立場を構築してきた。彼らの立場を，児島和人は3点にまとめている（児島『マス・コミュニケーション受容理論の展開』76頁。括弧内は，筆者による補足）。

① 社会関係，政治的支配を規定するうえで1つの中枢的位置を占めるメディアの「イデオロギー（＝存在拘束性・虚偽意識と訳されたりする。言説・表象がある政治的・権力的な立場を強く反映している場合にラベリングされる用語）的」役割を重視する。
② メディア・テクスト（テクスト＝紙面・放送内容など意味解読の対象となる記号表現・表象のこと）は多義的に記号解読されるものであり必ずしも作り手の意図通りに「透明な」意味伝達をするものではない。
③ 受動的で未分化な受け手像ではなく，より「能動的」（active）な受け手の概念化をはかる。

カルチュラル・スタディーズ自体も多様な思考の幅をもっているが，大きな特徴は情報＝意味発生をテクスト自体ではなく，「読み手」，さらに「読み手の社会的経験から帰結する結果としての意味」に焦点を当てて考えたことである。ホールは，「優先的読みとり（preferred reading）」という説明概念を発明した。それは，「視聴者が置かれた社会的状況，特に所属している階級が視聴者と支配的イデオロギーとを心地よく調整するようななかで，視聴者がテクストの支配的な読みを産み出す」（フィスク『テレビジョンカルチャー』94頁）という考え方である。つまり，番組をどう読みとるかは，多様な可能性があるが，しかし，他方で，経済・社会・文化的に支配コード（dominant code）に基づいて「こう読みとるべき」だということが構造的にできあがっている。そして，

支配的な立場の社会的経験を蓄積した人びと，例えば，イギリスでは，白人，中産階級，都市，開発の進んだ地域の男性（マジョリティ）は，そのテクストに込められた支配的イデオロギーを，自分たちの価値観や生活感にピッタリするものとして受け入れる。他方，移民労働者の男性（マイノリティ）は，反対の対抗的コード（oppositional code）に基づく読みとりをする。社会的経験の差は，ジェンダー（社会文化的次元での性差）の間でも，エスニスティ（民族性）などの次元でも起こってくる。

つまり一言でいえば，意味は，印刷メディアや映像メディア自体のなかにあるのではなく，読み手によって形成される。しかもその読みは，政治社会的にニュートラル（中立的・没価値的）な一般的な国民的視聴者によって，あるいは個々人によって勝手に読みとるのではなく，彼が準拠している社会集団（階級・下位集団・下位文化・社会的勢力）・社会構造などによって分節化されている。

マスメディア経験のなかでは「優先的読みとりが構造化」されているということの発見は，平板なイメージの視聴者像を超えて，批判的な視聴者像を発見したり，あるいは，そうした支配的コードをつくるマスメディア自体への非支配的コードをもつ人びとの監視や参加というプログラムを要請してくることになる。これは，いわば"文化の市民運動"とでもいえるプログラムであり，こうした議論のなかから，メディア・リテラシー（啓発プログラム）のような教育啓蒙プログラムの必要性が提起されてきた。しかし，メディア・システムへの参加制度の議論は進んでいないように思われる。

児島は，A.ヒニイスペールトが提起した"for audience"ではない，"by audience"の議論に着目している。①マスメディアの編集・制作過程への受け手の参加，②視聴者による映画会社，ラジオ局など送り手組織の形成，そして③委員会等を通じた視聴者のメディア・コントロールなどが盛り込まれている。

● 一方的受け手論からの抜け道③：地域メディアへの着目

さて，一方的な受け手論に対して，視聴者（受け手・オーディエンス）と送り手との距離を縮めていくあり方として期待されているのは，「地域メディア」「ローカルメディア」への期待である。ケーブルテレビには，多チャンネルと

選択肢の拡大，そしてそれにともなう積極的な視聴者の形成という期待のほかに，ローカルテレビという期待があった。

とりわけ，日本のマスコミの構造の特徴としての，全国紙・全国ネットワーク放送の独占・強大化と自律したローカル・メディアの未熟という特徴がある。（補足：唯一の例外が巨大なブロック紙である『中日新聞』である。東海エリアを中心に愛知県内の購読率が80％に及び，市場占有率において全国紙を寄せ付けない特殊な地域となっている。逆にいえば，時事通信社（ニュース配信）・中日新聞（配信されたニュースの利用）の紙面文化が，全国紙的な紙面と代替的な内容として文化消費されているということであろう。ただ，要因は基本的に不明であり，日本のマスコミの構造を考える上でも，検討を要する検証課題のひとつといえよう）。

とりわけ，全国紙の浸透と地方紙（数県域レベルのブロック紙，県紙，ローカル紙）の減退という構図のなかで，「おらが地域に密着したメディア」への期待は，最後の切り札としての情報テクノロジーの利用に向けられてきた。「地域密着型のメディア」であること，そして，地域に密着しながら「地域からの情報発信」ができることへの期待でもある。地域社会を範域とした地域メディアによって，地域内コミュニケーションや地域外とのコミュニケーション（地域からの情報発信論や開かれたコミュニティ論）が盛んになり，地域情報社会が可能になる。それこそが，本当の生活に根ざした情報社会の姿である。地域メディアへの期待にはこうした地域主義的な考え方が背景にある。

ビデオテックス，ケーブルテレビ，地域パソコンネット，ミニFM，あるいはタウン誌やミニコミ誌などがこうした地域メディアの事例である。事業エリアが比較的生活圏とオーバーラップしていること，また発信源としての編集局が地域内にあること，そのことによって生き生きしたニュース，地域の息吹きが伝わるニュースが取り上げられ，紙面や放送内容に反映されていく。

例えば，清原慶子はケーブルテレビについて「自主放送では，地域住民の制作した番組やビデオ作品の放送，住民の出演する番組などをもつことができるから，住民の自己表現あるいは自己発信の機会を実現するメディアである」（清原「地域メディアの機能と展開」『新版地域メディア』48頁）として期待している。

1章 マスメディア論を超えて　21

　全戸加入型の役所直営の公営ケーブルテレビを事業化した大分県大山町の担当者は，「地域密着」「参加の舞台づくり」がローカル番組の基本であるという。このケーブルテレビの報告書には，「町は，劇場，町は，限りなく舞台。そして町を通れば拍手が聞こえる」というサブコピーが掲げられている。人口5000人あまりの町の誰もが，テレビカメラに臆せずに語る力（メディア・リテラシー）をもちはじめたことを，「文化的情報化」と評する研究者もいる。

　また，戦後農村で普及し，現在も一部地域で機能している有線放送電話では，毎日の事細かなニュースが，スイッチのないスピーカー（農村の有線放送システムには，放送を切るスイッチはなく，必ず音声が届くという意味では究極の"地域密着"メディアとなっている）から各家や街頭に放送される。迷子の犬や徘徊老人の探索，そして悪徳セールスの地域への侵入までが臨時ニュースとしてたちどころに地域エリアに放送されるシステムとなっている。

　大山町の実践も，有線放送も，いわば地域メディアの極限形態のようなものである。送り手と受け手の"距離"という意味では，これらの地域メディアは，マスメディアの構造と大きく異なる。編集者が介在するとはいえ，おらが町，おら（自分）やおらの身近な顔見知りの人びとが放送に登場し主人公となるチャンスが極めて高い。ただ，それでも，地域に密着すればするほど，放送内容に関する自主規制は働く。議題設定機能といっても，小さな町の為政者（町村長や有力者）の意向を無視して，地域問題を掘り起こし，ジャーナリズム機能を発揮することは難しい。住民参加がある自治体規模を必要とするように，地域ジャーナリズムもまたある規模のエリアや，ジャーナリズムを発揮できる経営基盤を必要とするからである。

● オーディエンスの臨界問題：多様なメディア経験の拡がりの地平へ

　さて，マスメディアのもつ根本的な問題，「送り手」「受け手」の力の差異の問題は，ニューメディア論，カルチュラル・スタディーズそれぞれの立場から，メディアをめぐる新しい研究方向を生み出してきた。本書では，ライスのようなニューメディア論でもなく，またカルチュラル・スタディーズのような文化とイデオロギーの問題に焦点を当てるのではない，メディア経験の位相の発見を目指す立場をとっている。

近代的なメディア経験とは何か。視覚メディア経験とは何か。それは，たしかに資本主義，産業社会的な支配コードと軌を一にした経験である。

だが，都市型社会の進展は，メディアと私たちの関わりにもっともっと多様なアプローチを可能にしている。メディアとは何か。人はなぜ，メディアにこんなにも酔いしれるのか。テレビ文化に代表されるマスメディアから離れ，メディア経験の対象をもっと延長してみよう。そうすると，携帯電話ブーム，携帯メディア・ブーム，長電話コミュニケーション，テレビゲーム，そして，Eメール・ラブ，電話風俗コミュニケーションなど，もっともっと多様で錯綜したメディア経験の景観が拡がってくる。

マスメディアとオーディエンスという視点では，浮かび上がってくる問題領域はあまりにも狭い。情報社会や電子メディア社会が提起している問題は，もっと広い視野から扱っていく必要がある。次の章では，まず，情報社会を考えていくための〈思考の出発点〉の発見作業をおこなう。情報社会を，歴史的にどう位置づけるのか，そして，どのような視点から考えたらよいのか。こうした問題に対して，広義の視点から徐々に，電子メディア経験を考える視点への守備範囲を狭めていくことにする。

参考・参照文献

猪瀬直樹『欲望のメディア』小学館　1990
M.エスリン　黒川欣映（訳）『テレビ時代』国文社　1986（原書1982）
大石　裕『地域情報化』世界思想社　1992
岡田直之『マスコミ研究の視座と課題』東京大学出版会　1992
香内三郎・山本武利ほか『現代メディア論』新曜社　1987
清原慶子「地域メディアの機能と展開」　竹内郁郎ほか『新版地域メディア』日本評論社　1989
P.D.ゲイほか　暮沢剛巳（訳）『実践カルチュラル・スタディーズ』大修館書店　2000（原書1997）
児島和人『マス・コミュニケーション受容理論の展開』東京大学出版会　1993
児島和人ほか『マスコミュニケーション効果研究の展開』北樹出版　1992
佐藤　毅『マスコミ受容理論の研究』法政大学出版局　1990
G.ターナー　溝上由紀ほか（訳）『カルチュラル・スタディーズ入門』作品社　1999（原書1996）
田村紀雄『町おこしと等身大のメディア』お茶の水書房　1989

東京大学社会情報研究所『多チャンネル化と視聴行動』東京大学出版会　1993
早川善次郎ほか『マス・コミュニケーション入門』有斐閣　1979
D.ブーアスティン　星野郁美・後藤和彦(訳)『幻影の時代』東京創元社　1964（原書1962）
J.フィクス　伊藤守ほか（訳）『テレビジョンカルチャー』梓出版社　1996（原書1987）
船津　衛『地域情報と地域メディア』恒星社厚生閣　1994
船津　衛『地域情報と社会心理』北樹出版　1999
吉見俊哉『カルチュラル・スタディーズ』岩波書店　2000
吉見俊哉（編）『メディア・スタディーズ』せりか書房　2000
Rice, R. E. *The New Media.* SAGE, 1984
W.リップマン　掛川とみ子（訳）『世論』岩波書店　1987（原書1922）

2章　電子メディア経験を考えるための〈思考の出発点〉

1節　広義の視点からみる情報化現象

● **思考の出発点①：「情報化」という社会変容のプロセス**

　「情報社会」は独立した歴史区分として設定できるのだろうか。こうした歴史意識をベースに設定しながら，「情報化」を，"広義の社会変容"として描く試みが本章の主題である。情報化は，政策・産業・制度の視点からだけでなく，文化社会学的視点からズームアップされなければ捉えきれない拡がりと深度をもっているからである。

　社会科学の世界では，通常，歴史を単なる政治的な事件の流れとしてだけではなく，"ある"モード（様式）が変化し発展段階としてみるのが普通である。通常の学校教科書では，歴史は，17世紀以降「前近代」「近代」「現代」の3段階で構成されている。大抵の場合，近代は17世紀から19世紀，そして現代は20世紀を守備範囲としている。そして，情報社会論も含めた"現代"社会論の"共通の思考パターン"は，産業化した社会の現代的転換に注目し，それに新しいネーミングをつけるというものである。とりわけテレビ文化が世界的に成熟してくる20世紀中庸以降，あるいは，コンビナートに代表される重厚長大型産業から知識集約型産業への構造転換に対して，新しい時代の名前が発見されてきた。D.ベルの『脱工業社会の到来』（1970），A.トフラーの『第三の波』（1980）や『パワー・シフト』（1990），J.ネイスビットの『メガトレンド』（1982），日本では堺屋太一『知価革命』（1985）などが代表的な論議であった。そして，1980年代半ばから21世紀にかけてのさまざまな電子ネットワーク社会，インターネット社会を礼賛する枚挙にいとまのない数々の類書も同様である。公文俊平の『ネットワーク社会』（1988）やH.ラインゴールドの『バーチャル・コミュニティ』（1993）などにその典型をみることができる。

こうした未来予測的な"語り部"に共通なのは，大げさなスローガン主義と楽観主義である。新旧を単純に劇的に比較し，未来社会に現在の社会のすべての矛盾・疎外された状態からの解決・解放を委ねるという意味では，あたかも社会"科学"風の詐術の言葉で厚化粧したメロドラマである。

　この新しい社会論の固有のアポリア（矛盾）から逃れるために，実体としての社会モデルではなく，変容過程それ自体を意味する「情報化」という概念にこそ注目することが大切である。つまり，「情報化」という社会変容に主眼をおいて，情報"化"が進むプロセスとして情報社会を捉えると，いろいろな変化を柔軟に視野に取り入れやすい。

● 思考の出発点②：情報化の背景にある〈都市型社会の成熟〉

　情報化を包み込むより大きな社会的文脈は，「都市化」の進展あるいは深化であり，「情報社会」は広い意味での〈都市型社会の成熟〉の１シーンとして位置づけることができる。日本の大衆社会論議や都市政策学をリードしてきた政治学者の松下圭一は，〈都市型社会の成熟〉について次のよう語る。「今日，工業化・民主化の成熟をみて，欧米ついで日本は，農村型社会から離脱して都市型社会にはいっている。この都市型社会という呼び方については，それぞれ立論の文脈で，成熟社会，脱工業化社会，また大衆社会，管理社会，あるいはゆたかな社会，情報社会などとよんでよいだろう。基本論点は，数千年つづいた〈農村型社会〉からの《大転換》にある」（松下『政策型思考と政治』18頁）。

　松下によれば，農村型社会から都市型社会への移行は，「数千年つづく地域自給の農村型社会」から「生活条件の政策・制度化」段階への移行であり，「地域規模から地球規模までの政策・制度のネットワークが不可欠」な段階への移行として位置づけることができる。都市型社会への「移行」の目安は，農業人口が30％をきりはじめた段階であり，「成立」は農業人口が10％をきる段階である。

　都市型社会の成熟をイメージするために，本書の関心から重要と思われる４つの特徴を指摘しておこう。①生活様式の都市化，②環境の情報化と疑似環境の浸透と定着，③コミュニケーションの多重化・多元化，④家族の変容と個人中心のライフスタイルの進展である。

① 生活様式の都市化とは，自然と直接向かい合う生活，共同体的・ムラ的な社会関係のもと，生産と生活が密接にからみ合い，相互に助け合わねば生きていけないシステムから離陸できたこと，そして生活のサポートが狭い共同体内で自己完結的に達成できないで，さまざまな社会制度・政策のサポートによってのみ成り立つことである。
② 環境の情報化・疑似環境の浸透と定着とは，都市，マスメディアなどが形成する人工的な環境が生活の隅々にまで浸透すること。そして，野生の自然（ウィルダネス）自体が，観光・消費の対象して情報的な記号，つまりコトバやヴィジュアル的なモノとして成立していることである。
③ コミュニケーションの多重化・多元化のうち，まず多重化とはひとりの人がひとつの集団・組織に所属するだけでなく，多様なキッカケ（これを"機縁"という）に基づいて幾重もの多重な社会関係を織りなして生活していること。つまりいろいろな役割・顔をもって，いくつもの社会生活空間に同時に関わりつつ，自分なりの社会生活を営んでいることである。極端な言い方をすれば，日常感覚では大切な家族関係も，そのひとつにしかすぎなくなること。多元化とは対人的・対面的空間だけでなく，メディアによってつくられた空間，電話空間，サイバー空間，あるいは，カラオケボックスからクルマまでさまざまなある意味では非日常的な人工空間のなかで社会的行為を営んでいることである。
④ 家族の変容と個人中心のライフスタイルの進展とは，家族もひとつの生きる場にすぎないことである。

こうした特徴をもつ〈都市型社会の成熟〉という文脈に沿って，情報化を理解していく必要がある。情報化は，単純な孤立した現象として起きている社会変容ではないのである。

● 思考の出発点③：広義の情報化ⓐ記号化・情報化・擬制化

都市型社会の成熟という視点をもっとも広範域で重要な社会的文脈に据えて「情報化」現象の拡がりを考えると，電子メディア経験だけにとどまらない，私たちの生活のシーンがみえてくる。出発点は"都市的経験の成熟・深化"である。

都市という社会経験を考える際にメディアの視点からもっとも重要なのは，「外見」「見る」「見られる」，そうした社会経験が始まったことである。都市には，ガラス窓や鏡が蔓延する。また，ガラス窓を通して，私たちは景色を見ることにも慣れてしまっている。こうした，「ヴィジュアル」な外見が力をもち，私たちの欲望が刺激されることで消費社会が成立してきた。人は必要だからではなく，それ以上の"何か"によって突き動かされ行為している。そんな外見や他人の視線が重視される経験が都市的経験である。

都市的な経験の出発点の典型例は，例えば，19世紀のパリを舞台に W.ベンヤミンが有名な『パサージュ論』のなかで紹介している1822年にパリに登場したパサージュ（今日でいうショッピングモールやアトリウム）やフラヌール（遊歩道）経験に遡ることができる。パサージュは，ショーウィンドウ文化という点では，デパートの前身である。そこでは，光を入れる，また商品を照らし出す，また同時に自分自身を照らし出すガラスが必須アイテムである。見えるモノ，見せること，そして見えるモノに魅せられる社会，それが今日まで続く都市的経験なのである。

こうした外見重視の社会を，「記号」というコトバで理解する技法を教えてくれたのが J.ボードリアールである。「モノは消費されるためには，記号にならなければならない」という有名な語りは情報消費社会成立の宣言ともいえる。

ある商品というモノが人びとによって受け入れられ消費される・享受されるのは，道具として役に立つ，つまり機能的・実用的な側面が評価されて受け入れられるのではなく，もっとイメージ的な部分，付加価値的な部分で受け入れられる。そこでは，モノに対して自分なりの「意味づけ」が行われている。「意味づけ」とは，違い（差異）にこだわることでもある。

私たちは，さまざまなものに対して，自分なりに（一見"自分なり"もまた社会的に共通性をもっているのだが），そのモノが語ってくるメッセージを解釈し，自分の物差しで評価し，有意義なものかどうか，自分のコダワリ（差異欲求）を満たしてくれるかどうかを査定している。こうした意味のやりとりをする対象となることが〈記号化〉ということである。役に立つということだけでモノを見るのではなく，自分のコダワリ（差異欲求）に基づいてその意義深さを審判していく社会を〈記号化社会〉という。

繰り返して整理すれば，モノには，役に立つという価値（機能的価値・使用価値）と，それを持ちたい，買いたいという価値（象徴的価値，イメージ的価値，交換価値）の二面がある。人は，厄介な欲望をもった動物で，"見せびらかし的欲望"（S.ヴェブレン）や"欲望の模倣"（R.ジラール）をもっているとされる。だから，前者だけでなく，市場社会では後者の価値に魅力を感じてしまう。こうした側面から現代社会を「情報消費社会」と呼ぶ。コンピュータ社会やネットワーク社会とは異なる，もっと生活スタイルの根底に関わる情報化（広義の情報化）の成立である。こうした傾向は，好況・不況化の波はあっても日本ではとりわけブランド志向の消費性向として定着してきた。

こうした記号化社会・情報消費社会がもたらした最大の変容は，リアリティの問題といえる。それは，ホンモノとうそを対立的に捉えること自体が困難となった社会の到来を意味する。アウトドア車をはじめとするイメージ重視型商品の広告や，田舎を語るムラおこし事業のパンフレットが「ほんもの」を連呼するのはなんとも皮肉的な逆説（パラドックス）といえる。

「1980年代の日本を，特にその都市を特徴づけたのはリアリティの『脱臭』に向けて浮遊する〈虚構〉の言説であり，表現であり，またその生の技法であった」（見田『現代日本の感覚と思想』11頁）。

日本を代表する社会学者のひとりである見田のこの有名なフレーズは，1980年代にとどまらず，60年代後半から約30年間かけて成熟してきた都市型社会日本の今日の姿であり，2000年代の出発点でもある。そうした都市型社会では，人が生存のぎりぎりの境界で自然と直接向かい合うということはない。水も燃料も食料も，すべて，制度・政策のネットワークのおかげで，またその制度・政策を背景とした市場ネットワークのおかげで提供される。エコロジーもガーデニングも，ファッション・イメージ・スタイルとして，また"言葉"として正当化され，私たちの意識に内面化され，価値観・美意識という〈感覚のフォーマット〉を形成し，そして承認され，消費される。いまや，リアルは，リアルの脱色・脱臭の上に，描かれた"構築されたリアル"となる。

ここで，私たちはリアルの喪失や虚構を嘆くのではなく，リアルのあり方の変容に対処する思考（と行為）の作法の模索にこそ注目する必要がある。そもそもリアルというものは，何か天与のものとして先天的（アプリオリ）にある

のではない。この"構築されるリアル"という考え方は、リアル=「擬制」=「フィクション」という言葉で置き換えるとわかりやすい。都市型社会では、リアルは素朴な実体的として"ある"のではなく、"つくる（意図しているか否かの問題としてではなく、私たちの日常の生活実践の結果として）"のである。つくる以上そこには、技法（レトリック）が成立する。演技・遊戯・うそ・変身などの視点から社会と人間（人が存在する姿の根本原理）を捉えようとする社会学のさまざまな試みは、こうした現代社会の「擬制」的特性のゆえに必然的についてまわる表現・体現・実体化技法としてのレトリックを明らかにしようとした試みなのである。

　そこで、次に私たちが考えねばならないのは、情報化をコンピュータや情報技術（IT）の次元でだけ考える情報化論やメディア論の視野の狭さである。情報技術が垣間見せてくれた情報空間やヴァーチャル・リアリティだけではなく、今やもっと広範囲な、いわば社会の根本的な存在のあり方自体=リアルの技法自体が変容してきているのである。情報技術の進展による一見実体（文字・ピクチャーという記号的実体）をともなった仮想リアルの進展という意味でのリアルの変容と、"社会の情報化・記号化・擬制化"という意味でのリアルの変容は重なり合い、連動している。

● 思考の出発点④：情報消費社会と〈リアリティの希薄化〉問題

　さて、社会のもっとも広い意味での情報化を、情報化・記号化・擬制化という3つの言葉で紹介した。よく、少年や青年が犯罪を引き起こすと、特定のメディアにおけるハマる子供・青年のことが話題になる。このことが投げかけているのは、「メディアが悪い」という議論の真偽判定にあるのではない。メディアをめぐって本当に考えねばならないのは、「なぜ、私たちは、いつも、そうした社会的におどろおどろしい出来事、驚愕(きょうがく)な出来事をメディアへの没入と結びつけて考えるのだろうか」というテーマである。真偽判定などできるはずがないからである。ゲームがこれほど大きな文化消費の1ジャンルを形成している現在、それが「現実感覚を狂わせる」「仮想と現実を取り違える」というのは、新聞記事やテレビニュース記事を書く、取材・報道する側の記事加工フレームの問題であり、その説明フレームで納得させられたい情報受容者の側

の納得フレームの問題である。この説明フレームは，ステレオタイプ化しているのである。両者のフレームがステレオタイプである点では，両者は共犯・共役的関係，つまり表裏一体である。

社会の情報化・記号化・擬制化を強調したように，今日の情報消費社会は，リアリティの脱臭・希薄化と連動している。

私たちの生活の拠り所とさえなりつつあるコンビニエンスストアには匂いがないのは，偶然なのではない。土着的な匂い，その店に固有の人間くさい匂いをいったん消去する傾向は，香りブームの前提である。アロマテラピー・香り系商品やハーブブーム・ガーデニングブームは，まっさらのキャンバスに自分なりの（しかし，しっかりとトレンド雑誌から審美的なフォーマットを借用・引用した）匂いという記号を描くのに似ている。

いまや私たちの社会生活はトータルに素朴な実感をともなうリアリティをどんどん喪失させているのである。電子メディアがストレートにリアリティを喪失させているのではなく，社会全体のリアリティ喪失の背景の上に，メディアが触媒作用を発揮していると考えたほうが自然である。

閉じこもる青年・空想する青年は，電子メディア経験に固有の現象ではない。文学・哲学もまた青年が我を忘れて空想にのめり込むメディアとして問題視された時代もある。大正時代から青年の心理を論じていた野上俊夫は，「青年期には，知識欲が旺盛になり，論理的思考が発達すると同時に，想像の作用もまた著しく発達したることは特に注目に値する（漢字・表現を筆者改訂）」（野上『青年の心理と教育』221頁）と指摘して，そうした想像の力が暴走する例として「哲学的傾向」を挙げている。哲学的真理について悩み，華厳の滝から飛び降り自殺をした第一高等学校（現東京大学）の秀才藤村操の『巌頭の感』を紹介している。「悠々たるかな天井，遼々たるかな古今，五尺の体をもってこの大をはからんとす。……万有の真相はただ一言にしてさとす，曰く『不可解』。我この恨みを抱いて煩悶，ついに死を決するに至る（漢字・表現を筆者改訂）」。

野上は，こうした哲学的妄想だけではなく，メディアが引き起こす「過度の刺激」の弊害も指摘している。彼の論理は，今日のメディア有害論，素朴経験回復論とまったく変わらない。「しかしながら，外界の刺激の中には，往々にして過度もしくは不適当なものも多く，特に現代の密集生活を営む人々に対し

ては，人の心身を鼓舞激励するところの自然界よりの健全なる刺激が少なくなり，これに反して人工的な都市生活の不健全なる刺激が次第に増加する（漢字・表現を筆者改訂）」（野上，前掲書，283頁）。この人工的な都市生活として挙げられる刺激は，交通機関の雑音，夜の歓楽街の電灯，電車，汽車，自動車などの騒音，ラジオの低級な娯楽放送，広告の光や自動車の強烈な光などである。機械文明，スピード文明の発達が，こうした刺激をもたらし，それらが，眼を眩まし，神経を刺激し，疲弊させ，野中をして「都会人の大部分はある程度神経衰弱に陥っている」とまで述べている。

これに対抗して，感覚器官が以前に比して著しく敏感となった青年が，外界の事物を知り，経験を増すための適切な経験として野上が重視するのは，「山野を跋渉して，日光や空気の刺激を受け，筋骨を労し汗を流すような機会」である。問題は，メディアではなく，経験の貧しさにあるのである。自信満々の野上の議論には，健全対不健全，自然対人工・都会，科学対形而上学などの明快な二分法が宿っている。しかし，野上のこうした「健全な青年の発達」を理想像とした議論は，今日までまったく同様のフレームで続いている。第二次世界大戦を日本の都市型社会成熟過程の一時中断とみなせば，野上が問題視していた都市化する社会の青年とメディア接触の問題は，そのまま今日に続く古くて新しい問題である。

繰り返すが，60年以上前の野上が，都市の成熟が素朴・健全な現実・リアリティを揺るがし，感覚を狂わせ，空想を増大させ，青年の精神の異常を増大させているという論理を展開していることは注目に値する。今日では，都市・人工化の進展には，情報化の進展を加えることができる。そして都市化とは素朴なリアリティ感覚を変えてしまうのである。野上と違い，私たちは，経験回復が困難な成熟した都市社会のただ中にいる。その意味では，健全な青少年育成のための処方箋に関して，素朴な自然体験論ですますわけにはいかないが，それでも，そうした"感官体験の蓄積"と結びつく経験涵養の必要性という課題は，無視することのできない根本的な問いとして続いているのである。

● **思考の出発点⑤：広義の情報化⑥〈自己の情報化〉**
広い意味での情報化にとって，もうひとつ忘れてならない視点は，「自己の

情報化」というキーワードである。情報消費社会のなかでは、外見・記号が重視され、人はモノを記号として消費するだけではなく、自らも記号的存在となる。何らかの情報内容の表現媒介となり、他者によって情報を読みとられる対象となるという意味でメディア的存在そのものとなる。

人は見ると同時に、見られる存在となる。他者によって、また自分自身（自分のなかのもうひとりの自分の眼差し）によってそうなるのである。"視に淫する社会"では、私たちは外見＝見える姿＝表現・記号によって判断される。

井上俊は、こうした景観を「自己の情報化」という言葉で表現している。情報技術の社会生活への浸透という表面的な事柄を情報化のすべてとして捉えることは、あまりに狭い情報化理解である。情報化し、メディア化しているのは私たち自身なのである。井上は、「現代文化のとらえ方」（『新・現代文化を学ぶ人のために』）のなかで、次のように述べる。

「さまざまの商品をとおして自分自身を演出し、望ましい自分のイメージをアピールしようとする」（前掲書、9頁）、「このような自己の情報化の展開は、どこの誰ともわからない未知の人びと（あるいはそれに近い人びと）同士の接触交渉を必然化する都市化の進展を背景としている。都市化した状況のなかでこそ、さまざまの『みせかけ』が効果を発揮する。と同時にそれは『パーソナリティ・マーケット』（E.フロム）の拡大をもたらす脱工業化の過程とも関連している。第三次産業の発展につれて、『感じのよいパーソナリティ』がますます求められるようになるからである」（同書、10頁）。

こうした「みせかけ」の第一段階は、外見・記号的な武装による他者からの認知・承認である。外観・差異化の記号によって、自己のアイデンティティが示され、他者によって認知・承認される。「みせかけ」ることで、「認知・承認される」という欲求（承認欲求）は、モノの次元にとどまらない。それは、モノを所有するという外見レベルを超えて、私たちの振る舞い方、社会的な行為（インターアクションとかコミュニケーションという）の仕方自体にまで及んでいる。

こうした「みせかけ」のパーソナリティ・イメージを操作する大衆は、社会学者のE.ゴッフマンが強調した「演技」という言葉が似つかわしい大衆である。井上は、ゴッフマンを参照しながら、自己イメージの操作、自己演出・自

己顕示・社交的パフォーマンスの今日的意義を強調している。

かつてD.リースマンは『孤独な群衆』で，現代人は，他人指向型という社会的パーソナリティに変化してきていることを指摘した。近代以前の社会の典型的なモデルは，伝統指向型人間。そして，近代モデルでは，強い自我・意思をもつ内部指向型人間。そしてマスメディアの発達した現代社会では，レーダーを張りめぐらして，他者や社会的場面に適時合わせて振る舞う多面性をもった社交人間が典型的人間モデルとなるというのが彼の歴史観である。『孤独な群衆』で描かれた他人指向型は，当初ネガティブな人間モデルとして受けとられたが，今日から読み直せば，そのモデルは，社交的で，みせかけ上手に振る舞う如才ない多面性をもった役者の登場を予見していたのである。

ただ，この演技・上演という振る舞い（相互作用）は，誰か確固とした人がいて，意志をもって誰かを騙すといったシステムとして成り立っているのではない。「人形使いが操り人形に，つまり主体（自我）がみずからつくりだす物語や演劇的パフォーマンスの効果に，依存している」（井上，前掲書，13頁）のである。

このように考えると，自分は，ひとつではないどころか，本当の核心となるような，場面場面に合わせて振る舞っている自分をコントロールしている自分がありそうである。しかし，ゴッフマンは，そうした人形使いの存在があるとは考えない。私たちが生きている社会的場面・状況のなかで，そこにふさわしい振る舞い方をする理想的な私がいるにすぎないというのである。こうしたゴッフマンの考え方に立てば，自己の情報化はあっても，情報化しない自己はない。それぞれの状況にふさわしく見せるという情報化戦術だけが残ることになる。

そして，自分を情報化し，演出して，自分の物語をつくって，そのただ中に自分自身も生きていく。もちろん，世界が劇場化してきている，そうした演出された社会イメージ形成や，審美性・快感と感じる〈感覚のフォーマット〉の形成にあたって，マスコミの影響も大きい。

● **思考の出発点⑥：〈情報メディアの環境化〉と〈メディア社会〉**

情報化という社会現象のもっとも広義の姿が〈環境の情報化〉や〈自己の情

報化〉であるのに対して、情報化のより直接的な姿は、〈情報の環境化〉という側面にみることができる。情報の環境化とは1章で「疑似環境」や、「疑似イベント」を取り扱ったように、普通は、マスコミがつくる情報世界（人工的コピー世界）があたかも事実（リアル）として私たちが拠り所とするものとなってしまう事態を指している。グラフィック革命・複製メディア革命以降のさまざまなグラフィック印刷物や電気的複製メディアによって取り囲まれた生活が〈情報メディアの環境化〉である。

　ひとつ留意しておかねばならないのは、疑似環境論つまりマスコミがつくる情報環境論や情報空間論以降の議論を別にすれば、情報環境や情報空間は、人類の歴史とともに古い。そもそもの人間は、自分に対して、他者・社会に対して、あるいは自然に対して、意味的なやりとりをして生きている。その意味では、自己認識のまわりはすべて意味情報に満ちた対象なのであり、〈情報の環境化〉は、人類史とともにあったのである。古代文明以来、儀式のためのさまざまな象徴物は、金色・緋色に輝く特別の意味を込めたメディア（情報の乗り物）であった。繰り返すが、情報環境や情報空間は、歴史とともにあった。だから、情報環境・情報空間は、それ自体を歴史段階的に描くことができる。各歴史社会にはそれぞれ固有の情報空間があるからである。例えば、正村俊之は『情報空間論』（2000）で、「アルカイック社会（未開社会）」「中世社会」「近代社会」「現代社会」という4段階でそうした情報空間の歴史を理論化している。

　ただ、このように情報環境や情報空間という言い方は、かなり広義なので、グラフィック革命以降の情報メディアの大衆的な普及そのものに着目して、〈情報メディアの環境化〉という視点を導入すると情報化をわかりやすくイメージすることができる。

　例えば、家庭電化製品の生活環境化に注目し、そうした家電生活、そしてその家電生活をイメージさせる広告に着目して、モダンなエレクトロニック・ライフ、今でいえば家庭の電子化の歴史を振り返ることもできる。家電広告の歴史を分析した吉見俊哉によれば、「家庭電化」という言葉がメディアのなかで登場した時期は1954、55年頃であるという。この頃の広告では、テレビ・掃除機・冷蔵庫が揃っているのがもっとも上級の生活であるとされた。トースター、ミキサー、ラジオ、電気洗濯機、電気掃除機、アイロン、扇風機、テレビのあ

る生活が夢の生活だったのである。50年代後半の家庭電化を代表する言葉は「三種の神器」であった。つまり，電気洗濯機，電気冷蔵庫，白黒テレビである。60年代後半には，車（カー）とクーラーとカラーテレビが「3C」として第二の「三種の神器」といわれた。

　そして，吉見は，1980年代半ば以降には，家電広告は，新しいライフスタイルのシンボル的な意味を失い，家電は「解体」していくこと，そしてソニーのウォークマンの広告に代表されるように非家電性・脱家電性のようなメッセージが積極的に打ち出されてくることを明らかにしている（吉見「家電イメージの政治学」黒崎政男『情報の空間学』55頁）。

　もし，1970年から30年たった，2000年前後の三種の神器を問われれば，ノートパソコン，デジタルカメラ，ケータイということになろう。この3つの特徴は，家電ではなく，私的な利用のための電化製品，私的な電気メディアであることにある。家電の生活内化は，家ではなく，個人個人の活動範囲ともいえる"私域"の拡大をもたらしながら，生活に内化してきている。そして情報メディアに取り囲まれ，生活の一部として「あって当たり前」の景観となった社会が「メディア社会」である。

　日本では，1970年代中頃からの若者文化論が，オーディオ・ヴィジュアルメディアの若者生活への浸透を背景に，こうした情報メディアの環境化を取り上げてきた。中野収は，1975年に，大衆社会の人間モデルといわれた「他人指向型」に代わるモデルとして〈カプセル人間〉という語を造り出した。カプセル人間のイメージは，「情報によって自分を取り囲む」若者の姿である。「今やオーディオ・ブームが若者をとらえているし，イラストやポスターなどが個室にあふれている。D.リースマンのいう情報との新しいつき合い方は，まず深夜放送によって，一つの若者文化として定着し，以来，レコード，イラスト，ポスター，漫画，FM放送と新しい道具が追加され，個室は豊かになり，文化の構造も複雑になった。この文化のコードにしたがって情報にすっぽりつつまれると，彼らは心理的に安定するらしい」（中野『コピー体験の文化』74頁）。

　25年前に書かれた中野の若者論が着目しているのは，オーディオ・ヴィジュアル系のメディアに取り囲まれた若者の姿である。オーディオ・ヴィジュアル系メディアが生活環境として成立するという議論は，その後も若者論とリンク

する形で継続されて論じられてきている。若者とメディアと文化とをリンクさせて論じる語りのフレームは，そのまま20世紀末のメディア有害論（情報内容模写論や現実取り違え論）にもつながっている。それは逆にいえば，情報メディア装置を生活の不可欠の環境として，折り合いをつけながら生活していくことが自明視され，通常の社会生活の維持のために逆にその装置化・使用が余儀なくされている社会でもある。

● **思考の出発点⑦：パーソナル・メディア（経験）に着目する**

さて，〈情報メディアの環境化〉は，同時に，〈情報メディアのパーソナル化〉でもある。つまり，"パーソナルなメディアの装置化"が進んできたのである。こうしたメディアの装置化の流れは，概括的にみれば「公共・街頭メディア」・「ビジネスメディア」→「家メディア」→「個メディア」→「携帯メディア」へいうプロセスを経てきたといってよい。

メディアと私たちの関係を，①〈パーソナル化〉と②〈コンピュータの情報家電化＝生活内化〉と③〈モバイル化・携帯化の登場による装身具化〉の視点から考える。これがメディア文化を考える出発点である。

パーソナル・メディアが携帯化し，携帯情報端末化することは，偶然の出来事ではない。携帯情報メディアは，財布，腕時計に続く「装身具」（プロテーゼ）となりつつある。近代つまりモダーンな社会の生活は，社会的ネットワーク，あるいはシステムと制度のネットワークによってサポートされることで成り立っている。そこでは適切なサービスを得るために，私たちには常に持ち歩く装身具が必要になった。それが，財布と時計である。普通の人たちが，日常生活の営みのなかでまで，財布と時計を必要とするようになったのは，モダーンな都市型社会が成立するにしたがってである。そうすることで，社会と接点をもって関わること，つまり"正常"の社会生活ができるからである。

近代の装身具，あるいは生の身体経験を変容させる装身具メディアの登場に着目することは，今日のメディアを考える上でも幾つもの示唆を与えてくれる。財布・時計・携帯情報端末に共通するのは，人びとのローカル性や今・ここ的な固有性（現前性）を超えて人びとを結びつける共通のプラットホーム（普遍性）を提供していることである。結びつけることは，人間の対人的関係だけを

意味しない。対人的な関係としての社会的コミュニケーションよりももっと広い意味で、物的・制度的な関係も含めて包括的で汎用的な"関係"が成立したのである。

財布は貨幣を入れる。この貨幣は、鋳造・造幣された質量の形をとっているが、内実は価値の入れ物としてのメディア（メディウム）である。財布・貨幣は、その意味では、商品交換という社会ネットワークを営むための共通のプラットホームとなるメディアである。その価値は、ある社会固有の価値ではなく、極めて抽象的な価値であり、その抽象性によって共通の基準（スケール）がつくられ、相互に結合する関係が可能になった。

近代における時計が果たした意義について、E.ヴィグルは『近代の小道具たち』(1988)のなかで、世界の構成に関してメタファー（本来違ったものを意味的に類似させて考える思考の技法）としての役割を果たしたことを強調している。「時計が果たしたもうひとつ別の役割……、それは、世界は規則的に構成され、それ自身で自己充足したものであるという思考である。このように捉えられた世界は、その存続のために神をもはや必要としない世界である」(『近代の小道具たち』175頁)。

ヴィグルが強調するのは、近代のさまざまな寒暖計、空気ポンプ、望遠鏡・避雷針や時計などの小道具が、私たちの世界観の「脱魔術化」と「普遍化」を促進したというものである。「脱―主観化と普遍化こそは、寒暖計の開発の前提となる普遍過程であった。観測データを相互に比較検討しうるような道具装置を開発しようとする意志の裏に潜んでいるのは、近代の特徴である全般的な普遍過程である」(前掲書、19頁)。

このような記述をみれば、貨幣を入れる財布、時間を表示する腕時計が、いかに、近代的な〈感覚のフォーマット〉のシンボルとして私たちを捉え、左右してきたかがわかる。携帯小道具が、財布と腕時計であったことは偶然ではない。それは近代という社会システムのプログラムの一環なのである。抽象的な価値、無機質な時間、そして情報のみが流れる情報メディア端末、そうした特性の装身具を、私たちが常に携帯しているという現実。これがメディアを考える出発点となる。とりわけ、財布と腕時計が、携帯情報端末に取って代わられつつある今、こうした近代的な小道具の発展に対する危惧は、その結果として

の自然の破壊，身体性の喪失，生活の自己規律化などのネガティブな社会イメージを生んできた。進歩・啓蒙の結果起こった逆説を捉えて，〈啓蒙の弁証法〉などという言い方もする。

　ただ，近代のプログラムは，財布（貨幣）・腕時計（時間）の装身具化で終わったわけではない。今日普及しつつある携帯情報メディアという装身具化のインパクトを，文学的な悲観論を超えて，冷静に見定める必要がある。それが，メディア文化の社会学の主題のひとつといえよう。

2節　情報メディア経験にアプローチするための思考の出発点

● 思考の出発点⑧：情報事業の3類型

　情報ネットワークをめぐる事例紹介や議論は，通俗的な雑誌や，NHKなどのマスコミがつくる教養番組から専門家の論文まで，多様な議論が混在していることが多い。そこで，情報ネットワーク事業を，(a)データとしての情報，(b)人，(c)モノ・貨幣という3つの要素で分けて整理すると，何が焦点になっているかが極めてわかりやすくなる。

　ビジネスであろうと，公共的な情報ネットワークサービスであろうと，あるいは私的な楽しみのためのホームページのようなミニマムな私的メディアであろうと，私たちが情報と接するのは，それがいわばひとつの"メディア事業"としてサービスされるからである。そしてメディア事業を整理していく際には，(a)(b)(c)この3つの要素の結びつき方に注目すると，3つのインフォメーション事業類型をつくることができる。

　(1)　データベース……データ・記号それ自体を提供するサービス事業。データベースサービスやホームページの基本部分を占めているカタログ的な情報提供サービスがこれにあたる。

　このインフォメーション事業については，これまでのデータベース的な発想・事業から，インターネットにいたっての大きな変化は2点である。第1点は，インターネットという情報ネットワークの共通のプラットホームが形成されたことである。いわばデータベース事業，情報提供・情報公開事業など，個々のインフォメーション事業が自在にリンクするプラットホームができたこと。

1カ所に情報を集積するというホスト型の情報ネットワーク事業や情報一極管理型データベースの発想の変更が余儀なくされたことである。第2点は，誰もがインフォメーション提供事業（繰り返すが個人ホームページもメディア事業である）を始めることができる点である。もちろん情報メディアの装備・リテラシーをめぐる南北問題（発展の格差）や情報福祉ともいえる格差問題が存在している。しかし，趨勢としてインフォメーション事業への敷居が極めて低くなった点は否めない。

(2) コミュニケーション……情報メディアを通じて，そのメディアを使用する人と人とがコミュニケーションし合うことを目指したサービス。電話による通話や，コンピュータを介した電子コミュニケーションなどがこれにあたる。

(3) トランザクション……情報・モノ・カネが同時に動くサービス事業。オンライン・ショッピングやホーム・バンキング，そしてeビジネスといわれるサービスの多くがこれにあたる。オーダー・エントリーサービス（受発注サービス）の場合，商品というモノの物流サービスによって支えられている。また予約サービスなども含まれる。情報を得ることが目的なのではなく，情報を通じて，モノ・貨幣が連動して動いていく領域がトランザクション・サービスである。

この分類は，パソコンネットワーク社会の黎明期に，日米のパソコン通信やインターネットの啓発的な運動家であり政策プランナーであった会津泉によって整理された分類である（図2-1）。電子ネットワークがまだあいまいな形，漠然とした可能性にすぎなかった時期にできたにもかかわらず，その後のインターネットの展開をみれば，この3つの事業が同居・融合して発展してきていることがわかる。逆にいえば，パソコン通信からインターネットに舞台が代わり，一方が古いメディアとして忘れ去られ，一方が新しいメディアとして社会的に注目されたとしても，実際には，この3つのサービスの組み合わせや使い方の進展にすぎないことがわかる。そして，インターネットのホームページのなかでも，結局は，パソコン通信が注目された時に電子掲示板・電子会議といわれるBBS（Bullitin Bord System＝電子掲示板）サービスやメール・サービスが変わらない魅力として人びとを惹きつけつづけていることに留意しておく必要

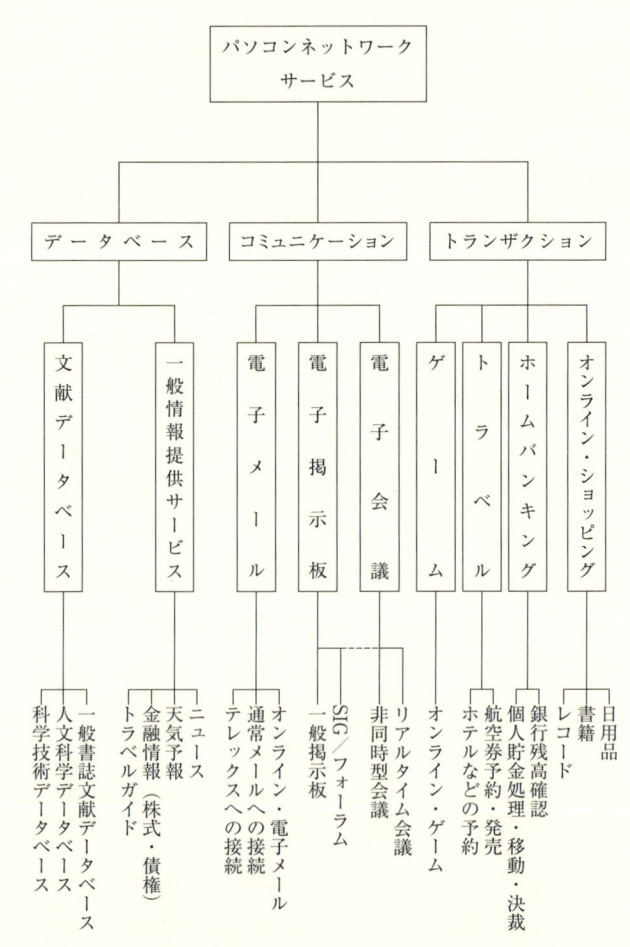

```
                    ┌──────────────┐
                    │パソコンネットワーク│
                    │   サービス    │
                    └──────┬───────┘
          ┌────────────────┼────────────────┐
    ┌─────┴─────┐    ┌─────┴─────┐    ┌─────┴─────┐
    │ データベース │    │コミュニケーション│    │ トランザクション│
    └─────┬─────┘    └─────┬─────┘    └─────┬─────┘
       ┌──┴──┐         ┌───┼───┐      ┌───┬─┴─┬───┬───┐
      文献   一般     電子  電子  電子  ゲ  ト  ホ   オ
      デー   情報     メ   掲   会   ー  ラ  ー   ン
      タベ   提供     ー   示   議   ム  ベ  ム   ラ
      ース   サー     ル   板            ル  バ   イ
            ビス                             ン   ン
                                            キ   ・
                                            ン   シ
                                            グ   ョ
                                                 ッ
                                                 ピ
                                                 ン
                                                 グ
```

図の下に列挙される細目（各ノードのぶら下がり項目）：

- 文献データベース： 科学技術データベース／人文科学データベース／一般書誌文献データベース
- 一般情報提供サービス： 天気予報／金融情報（株式・債権）／トラベルガイド／ニュース
- 電子メール： 通常メールへの接続／テレックスへの接続／オンライン・電子メール
- 電子掲示板： 一般掲示板／SIG／フォーラム
- 電子会議： 非同時型会議／リアルタイム会議
- ゲーム： オンライン・ゲーム
- トラベル： ホテルなどの予約／航空券予約・発売
- ホームバンキング： 個人貯金処理・移動・決裁／銀行残高確認
- オンライン・ショッピング： 日用品／書籍／レコード

　会津のこの図には，初期の電子ネットワーク論が抱えていたヴィジョンが体系的によく描かれている。その後のインターネットや携帯サービスの"原点"を探る上でも示唆的である。

図 2-1　パソコンネットワークサービスの内容ヴィジョン（会津，1986）

がある。

● 思考の出発点⑨：データベース重視からコミュニケーション重視へ

さてeビジネスという言葉がトランザクションを意味して、そこに大きなビジネスチャンスがあることが喧伝されているが、今日の電子コミュニケーションがこのように隆盛していく際に大きなテコとなったのは、情報社会をデータベース型の発想やサービスではなく、コミュニケーション型の発想や実際のサービスの魅力であった。1980年代半ばまでの情報社会イメージは、巨大なデータプールをつくり、誰もが、必要な情報を、好きな時に取り出すことができる便利な社会であった。あるいは、その逆に、人びとの情報を入力した巨大なデータベースによって、それぞれの個人情報が管理される管理社会のイメージであった。両方とも、データのプールとその利用というデータベース・サービス事業として情報社会を考えていた。「必要な情報が、いつでも、自由に取り出せます」。これが70年代から80年代にかけての情報メディア事業のうたい文句であった。

もちろん、今日のインターネットやインターネットも取り込んだ携帯電話のデータベース・サービス事業やトランザクション事業は、「いつでも・どこでも・誰でも」という情報社会の夢を実現しつつある。しかし、それは、巨大なデータベースによってではない。むしろ、幾つもの各データベースのネットワークによってである。このネットワークという発想の契機となったのは、「メディアは、コミュニケーションのツールである」という発想の転換と、その利用・事業の定着であった。この迂回路があって、情報メディアはパーソナルなコミュニケーション・ツールとして生活に内化・環境化し、その成熟のなかで、ようやく、データベース事業やトランザクション事業が成熟してきているのである。情報社会の進展は、データベースからコミュニケーションへという転換があり、その後再び、コミュニケーションを前提としつつ、新しい形のデータベースやトランザクションが着目され、事業規模を拡大していく。情報社会の進展は、3つの情報事業の螺旋的な進展をへて高度化してきている。

データベース型の情報社会イメージに対して、メディアに媒介された、メディアを使った人と人とのコミュニケーションが私たちに示した衝撃は、パソコ

ン通信経験，そして電話コミュニケーション経験から始まる。

(a) **パソコン・コミュニケーションの衝撃**　日本の電子ネットワークの代表的な啓蒙運動家ともいえる会津が，電子コミュニケーションの普及啓発のための草の根ビジネスともいえる「ネットワーキングデザイン研究所」を起業したのが1985年（準備室，正式発足は翌年），そしてパソコン通信に関する初期の記念碑的な宣言書ともいえる『パソコン・ネットワーク革命』を書いたのは1986年である。少し長いが彼の情報ネットワーキング，つまり「情報縁」についての議論について紹介しておこう。

「パソコン通信の他のニューメディアにみられない特徴は，ほぼ完全な双方向性をもった人間同士のコミュニケーションを実現しているということだ」（『パソコン・ネットワーク革命』16頁）。「しかし，パソコンネットワークは，よく似た環境の女性同士を結ぶだけではない，地域をこえ，性別・職業・世代を超え，従来の手段では到底不可能だったようなコミュニケーションを実現する。それによって，新しい人間関係，あるいは独自の『コミュニティー』感覚をさえつくり出す。そのことのもつ社会的インパクトの深さは，もしかするとまだ誰も正確には気がついていないのかもしれない」（前掲書，39頁）。

会津は人間関係が形成されるプロセスを重視し，「コミュニケーション型ネットワーク」や「参加・共有型のコミュニケーション」「情報縁」の必要性・有効性を高らかに宣言している。

パソコン通信に始まるCMC（コンピュータ・メディエイテッド・コミュニケーション）については後の5章で取り扱うが，こうしたメディア媒介型コミュニケーションのもつ可能性や魅力は，その後インターネット時代になって，メール文化，掲示板文化，チャット文化などの隆盛・定着へと引き継がれてきているのである。

インターネットのホームページはたしかに便利である。しかし，一方でマスコミの信頼性は変わっていない。インターネット自体は，大きな入れ物となりマスコミ的な要素も入り込んでいる。結局，インターネットの中でBBSの掲示板機能，会話機能が復権してる。インターネットのパソコン通信化といえる。

(b) **ネットワーク社会論：組織論的視点からみたコミュニケーションの意義**　コミュニケーションのなかにこそ，意味ある情報や生きた情報が発生する。こう

したコミュニケーションから情報社会を考えていく発想は，情報メディアを使ったコミュニケーション論だけではなく，組織論，産業ネットワーク（企業間の分業や企業内の協業関係）をめぐる考察のなかからも提起されてきている。

今井賢一，金子郁容らは，「ネットワーク」というコミュニケーションのフォーマットを重視する。ネットワークは，「つながりをつけるプロセス」「動的な情報を発生させるプロセス」を意味している。今井は，人と人とが直接に接触する交流とそこで発生する情報に注目している。人的接触による無形のネットワーク，あるいは生産の現場の下から上へと進んでいく情報化，そうしたプロセスのなかにこそ意味のある情報がつくり出されるという考え方である。フェイス・トゥー・フェイスのコミュニケーションとか，ノウ・フウ（know how に対して，誰を知っているかという意味で know who）が重視されている。そして「情報」概念も，「形式的情報」に対して「意味的情報」，「静的情報」に対して「動的情報」などの二分法によって腑分けされ，「意味的情報」が発生する「現場」「文脈」の重要性が強調されている。

(c) **電話風俗とモバイル・コミュニケーション**　会津らのパソコン通信論からインターネット社会まで，メディア・コミュニケーション社会論は，常に「進んだ遊び」「高尚な大人の文化」「新しい社会の到来」という評価的なイメージで語られ，また受け入れられてきた。こうした社会的に正当性を獲得した"語り"に対して，もっと日常的なメディアとしての電話の延長に出てきたメディア・コミュニケーションが，ポケベル・携帯電話によるモバイル系のコミュニケーションであり，また，電話コミュニケーションの特化した事業であった電話風俗系のコミュニケーションである。

モバイル系コミュニケーションには，ポケベルが開示してみせた"メディア・フレンド"現象があり，電話風俗では，伝言ダイヤル，ダイヤル Q^2，そしてテレクラが開示してみせた"メディア・フレンド"現象がある。両方の系統ともに，「知らない異性」との「偶発的出会い」という特性によって多くの利用者を魅了すると同時に，その過剰な利用が青少年問題や性犯罪や利用料問題を引き起こしてもきた。しかし両系統が開示した「偶発的な出会い（情報縁）」というコミュニケーションの特性は，パソコン通信やインターネットとなんら変わるところはない。

電話風俗を研究した宮台真司は「誰から誰につながるか分からない偶発的なコミュニケーション」を本質的な意味での「インターネット化」とみなしている。こうした"接合・結節関係"への着目は，いわば成熟する都市社会のコミュニケーションの基本説明フレームのひとつなのである。そして，パソコン通信，インターネットにおいては，美しい物語として描かれたコミュニケーション特性が，電話風俗では，ネガティブイメージの物語しか形成できなかったのは，社会的評価の磁力の差（いわば政治的なポジションの差）を反映しているにすぎない。

2つの節にわたって情報社会を考える思考の出発点を9点に整理した。こうした出発点の"地ならし"とでも呼べる作業を重視するのは，情報社会をめぐる語りが，あまりに恣意的だったり，仰々しかったり，あるいは実利優先だったりするからである。

私たちは，情報社会を考える際に，2つの謙虚な出発点からスタートする必要がある。ひとつは，情報化という社会変容が，なにか特別の独立変数として存在するわけではないということ。つまり，できるだけ，社会的文脈を広くとって情報化を位置づけていく必要がある。本章で，〈都市型社会の成熟〉や〈記号化・情報化・擬制化〉といった情報消費社会の深化を取り上げたのもそうした社会的文脈の拡がりを確保するためである。2つ目は，情報社会の本当の変容は，まだ十分にはみえていないのだということ。そして，公式的な見解を超えて，情報化を私たちの生活に密着したものとして，行為の仕方，美意識（審美的フォーマット）や感覚の有り様も含めた次元で考えていくためには，いったん，徹底したパーソナル・メディア経験の地平に降り立つ必要があるということを宣言しておく必要がある。こうした出発点の"地ならし"とパーソナル・メディア重視宣言が本章の主題であった。

参考・参照文献

会津　泉『パソコン・ネットワーク革命』日本経済新聞社　1986
井上　俊『新・現代文化を学ぶ人のために』世界思想社　1998
今井賢一『情報ネットワーク社会』岩波書店　1984
今井賢一・金子郁容『ネットワーク組織論』岩波書店　1988

2章　電子メディア経験を考えるための〈思考の出発点〉

E.ヴィグル　三島憲一（訳）『近代の小道具たち』青土社　1990（原書1988）
S.ヴェブレン　小原敬士（訳）『有閑階級の理論』岩波書店　1961（原書1899）
公文俊平『ネットワーク社会』中央公論社　1988
E.ゴッフマン　石黒　毅（訳）『行為と演技』誠信書店　1974（原書1959）
堺屋太一『知価革命』PHP研究所　1985
R.ジラール　吉田幸男（訳）『欲望の現象学』法政大学出版局　1971（原書1961）
A.トフラー　徳岡孝夫（監訳）『第三の波』中央公論社　1982（原書1980）
A.トフラー　徳山二郎（訳）『パワー・シフト』フジテレビ出版　1992（原書1990）
中野　収『コピー体験の文化』時事通信社　1975
J.ネイスビット　竹村健一（訳）『メガトレンド』三笠書房　1984（原書1982）
野上俊夫『青年の心理と教育』東京同文書院　1937
D.ベル　内田忠夫ほか（訳）『脱工業社会の到来』ダイヤモンド社　1975（原書1973）
W.ベンヤミン　今村仁司（訳）『パサージュ論Ⅰ』岩波書店　1993（原書1935）
J.ボードリアール　宇波　彰（訳）『物の体系』法政大学出版局　1980（原書1968）
J.ボードリアール　今村仁司・塚原　史（訳）『消費社会の神話と構造』紀伊國屋書店　1979（原書1970）
正村俊之『情報空間論』勁草書房　2000
松下圭一『市民文化は可能か』岩波書店　1985
松下圭一『政策型思考と政治』東京大学出版会　1991
見田宗介『現代日本の感覚と思想』講談社　1995
宮台真司『世紀末の作法』メディア・ファクトリー　1997
吉見俊哉「家電イメージの政治学」　黒崎政男（監修）『情報の空間学』NTT出版　2000
H.ラインゴールド　沢田　博（監訳）『バーチャル・コミュニティ』ソフトバンク　1992（原書1991）
D.リースマン　加藤秀俊（訳）『孤独な群衆』みすず書房　1964（原書1961）

— coffee break —

■ 園芸ブームについて　花を通じて"自己を語る"文化の到来 ■

　最近，園芸がブームである。「趣味はガーデニングです」「週末ガーデナー」こんなコトバを恥ずかしくなく使えるようになってきたようだ。写真中心の園芸雑誌の氾濫だけでなく，パソコン通信最大手のニィフティーサーブでも，園芸フォーラム，とりわけハーブや洋蘭の会議室はかなり盛り上がっている。

　春に，ある研究会で，ガーデニングブームの語り部であり，実践者でもある元東山植物園園長の坂梨一郎氏の話しを聞く機会があった。長く植物に関わってきた氏自身，最近のブームの熱さとエネルギーに驚いている。イギリス庭園ツアー，そして若い女性のイギリスのガーデニング専門校への留学も増えているという。

　氏は，このブームは，これまでの造園的業界・美意識とは断絶していることを指摘し，春日井市や日進市などで，ガーデニングを趣味とする市民ボランティア型の公共ガーデンづくりさえも生まれてきていることを紹介した。

　ハンギングバスケット，テラコッタ鉢とコニファーブーム，そして，小人人形や風車。これらは，輸入住宅ブームと重なり合う。豊田市や三好町の一戸建て団地を歩くと，こうしたシルシ（記号）で玄関を彩った"絵になる風景"の競演に出会う。

　こうした都市型社会の新しい消費の傾向を，社会学では「スタイル消費」という。階層性や性差といった要素からではなく，マスメディアが生み出した様々な魅力的な「ファッション」や「ファッショナブルな生き方」というスタイルに従って衣服や商品といったモノを購入し，それらを通じて自分らしさを構築していく行動様式のことを意味している。ガーデニングブームは，明らかにスタイル消費の一例といえよう。

　こうしたガーデニングブームは，私たちが都市型社会の成熟，とりわけ郊外型生活"スタイル"に見合った等身大の文化を模索している現れである。そこで形成されようとしている生活文化は，閉ざされた空間のなかで自足する，従来のお茶・お花の「床の間文化」とは異なる。それは，外部に向けて「自らをディスプレイ」していくような，つまり「人に見せる」という表出と"自己編集"の文化である。その自己表出と自己編集の文化が，玄関という私的空間と外的・公的空間との境界で，エクステリア文化として成立していることは興味深い。これがそのまま公共空間創出につながると考えるのは早急であろうが，「花のある暮らしを演じる"私"の舞台」が，外部空間とリンクするというこの微妙なバランスには着目しておきたい。

　ガーデニングブームを少し美化しすぎたかもしれない。しかし，日本の中流の文化が，三種の神器・一点豪華主義やブランド志向を経験しつつ，ようやく，「床の間文化」で

はない，都市型社会にふさわしい固有の生活のモード，美意識や感覚の形成に向かいつつある点は繰り返し強調しておきたい。もともと，農村型社会から一気に都市化した日本では，お茶・お花などの殿様文化を規範とし，立身出世や成金化を契機にそれに同化する以外の生活スタイルの選択肢をもたなかった。そして，こうした農民文化と殿様文化という二極からの脱却の文脈に，消費スタイルとしてのガーデニング文化を位置づけることができよう。

　いま，私たちは，消費生活の舞台でも，必死に，真っ白いキャンバスに，私たちのライフスタイルを描こうとしている。農村型文化のもつ土臭い生々しいリアリティを脱臭するためにも，キャンバスは，伝統から"ふっきれた"ものでなければならない。最近の抗菌・消臭グッズから輸入住宅・ハーブに至るブームは，そうしたリアリティの脱臭と新たなリアリティへの欲望の上に咲く文化でもある。

　こうした意味でも，ガーデニングブームは，単なる田園志向・自然志向ではなく，極めて人工的な"絵になる緑の風景"の模索である。それらは人工性ゆえにこそ，都市生活者の演技する舞台となりうる。自己を語り・編集する演技型文化の到来！　この文化は，一見都市づくりとは無縁に見える。しかし，最近地方都市に多くみられる田園都市づくりや多自然型まちづくりを"理解し享受"するリテラシー（解読能力）をもった層は，こうした生活スタイルの住民層であることを最後につけ加えておきたい。

※初出　「やはぎ新報」1996年11月1日号（中京大学の立地している豊田市の地域新聞）

第Ⅱ部

メディア空間文化の諸相
~パーソナル・メディア経験の"ざわめき"~

　第Ⅱ部の位置づけは，パーソナル・メディア経験の"ざわめき"を，3つのメディア経験を対象に描くことである。電話，コンピュータ・コミュニケーション，そしてテレビゲームである。3章，4章では，電話経験の変容，そして電話風俗と携帯電話文化がもたらしているさまざまな経験の固有性が，「自己物語」「メディア・ドラマトゥルギー」「自己都合コミットメント」などのキー概念を使って解釈される。続く，5章，6章では，CMC（コンピュータ・メディエイテッド・コミュニケーション）経験が，電子掲示板文化とメール文化に分けて解読される。ここでも，電話と同様のキー概念が適用される。7章では，一見，テレビ画面との対話にすぎないテレビゲームが，同様のキー概念のもとに解釈可能であることが提起される。パーソナル・メディア経験は，「自己という物語のリライト」を限りなく拡張してくれると錯覚させる〈自己の拡張〉のメディア経験である。この視点が，3つのメディア経験の解釈を貫き共通解読フレームとなっている。

3章　電話というメディア空間の文化～声のリアリティ～

1節　電話に託された社会的想像力～電話史からみえること～

● **電話もメディアだった**

　情報メディアを考えるもっともよい教科書は"電話"である。電話は，私たちが何気なく付き合い，あって当たり前で，メディアとして気がつかないほどに生活内化し，環境化しているメディアなのである。もともと，個人対個人というか，"孤人"対"孤人"のコミュニケーション・メディアであった電話は，携帯電話の時代に，徹底的にパーソナル・メディアとなった。携帯電話を通じて，私たちは，家族・学校・地域などの制度的関係の縛りから解放されて，徹底して"ひとり"で電話空間という"もうひとつの社会"と向かい合う。

　ただ電話メディアへの着目は，その歴史に比べてあまり古いことではない。アメリカでは，A.ロネルが名著『テレホンブック――技術・精神分裂・電気的スピーチ』を1989年に著し，都市社会学者C.フィッシャーが1992年に『電話するアメリカ』を出版している。同年に日本では，吉見俊哉らが『メディアとしての電話』を出版する。これらの新しい名著は，パソコン通信やニューメディア論の華々しい言説の陰で忘れられていた電話や電話コミュニケーションが，ひとつの重要な"メディアである"ことを意識させてくれる貴重な問題提起群である。

　電話＝テレフォンは，ギリシャ語の「テーレ（遠い）」と「フォーネ（音）」を組み合わせた言葉で，1830年代頃から大音響などの音を出すさまざまな仕掛けの呼び名であったという。つまりテレフォンは，「遠く・遠隔の」を意味する「tele」と声を意味する「phone」との組み合わせで，「遠隔地の音を聞く」あるいは肉声では届かない「非在」の「声」を現前に複製する装置である。そして，電話は今や，テレやフォンなどを意識することもなく使用されているメ

3章 電話というメディア空間の文化　51

ディアでもある。

● 電信に託された2つの夢

電話は，1876年2月14日にアレクサンダー・グラハム・ベルによって発明されたことになっている。厳密には，この年に特許として出願された。また，最近では，その2時間後に，イライシャ・グレイが同じような出願をしたことも次第に知られるようになってきた。2人の特許出願の時期が重なったことは偶然ではない。

「電話の『発明』が，グラハム・ベルというひとりの研究者の頭の中で個別的に構想されていたわけではなく，当時の社会のなかで多くの人々によって夢見られていたビジョンのあらわれであったことがわかってくるのである」（水越伸「失われたメディア・ビジョン」『メディアとしての電話』195頁）。「電話は，19世紀の電気とテレ・コミュニケーションをめぐる社会的想像力のなかで，音声の電気的複製装置として開発されるとともに，電信やラジオといった類似のメディアの影響を受けながら発達してきた」（水越，前掲書，230頁）。

図3-1　グラハム・ベルの改良型電話の紹介記事が掲載され，さまざまな地域に音声が伝わるイラストが示されている（「サイエンティフィック・アメリカ」1877年10月6日号）。

電話などの通信メディアは，総じてテレ・コミュニケーションといわれる。テレ・コミュニケーションは，フィジカル（物質的）な意味での物体の移動がともなうトランスポーテーションの対概念である。テレ・コミュニケーションの夢は，1835年にサミュエル・モールスによって発明された電信である。日本では，明治維新の後いち早く導入され，各地の武士の反乱や西南戦争の鎮圧に大きな威力を発揮している。

電気的テクノロジーを駆使した「トランスポーテーションからテレ・コミュニケーションへ」という変化は，まず電信によって実現されたわけである。水越は，そこに託された社会的想像力として「ユニバーサル・コミュニケーション——世界中の誰とでもつながる」と「リアルタイム・コミュニケーション——何時でもつながる」の2つの夢（イデオロギー）を発見している。水越が指摘するように，テレ・コミュニケーションが，国民をひとつにつないでいく，あるいは世界・地球をひとつにつないでいくという"グローバル・ネットワーク（地球村）"を楽観的に夢見る"予定調和的な世界観"の誕生と結びついている。こうしたグローバル・ヴィレッジの思想は，M.マクルーハンのメディア論にも共通だが，その背後には，カトリック的な予定調和の世界観がある。多くのメディア論が，その時代の最先端の情報テクノロジーに託して牧歌的な"予定調和的な社会"を夢見るのは，テレ・コミュニケーションに託したこうした2つのイデオロギーを考えれば，当然の帰結といえるのである。これらの夢は，その後ビデオテックスやパソコン通信やインターネットのすばらしさをめぐる語りのなかに継続されてきている。

● 放送メディアとしての電話

電話の歴史のなかで興味深いのは，メディアの初期にある未分化さや試行錯誤の姿である。電話メディアは，当初から通信メディアとして利用されたのではない。つまり，電話をめぐる社会的事業の初期には，通話メディアという"自明性"は存在していない。

電話という「電気的な音声のコピー装置」は，当初，通信のためのメディアというよりも，ラジオのような娯楽的な放送メディアとしてイメージされ事業実践された。情報消費のスタイルからすれば，いわばラジオやレコードのよう

なイメージであった。こうしたラジオのような電話は総じて「プレジャー・テレフォン」と呼ばれている。1881年のパリ国際電気博覧会では,「シアターフォン」「エレクトロフォン」といった劇場公演の生音声をヘッドフォンで聴くことのできる装置が大人気であった。19世紀末には,コインを入れて音楽やニュース番組を楽しむ娯楽的情報メディアも登場し,ロンドンやパリの情報社会の景観を彩っていた。また,当時のヨーロッパの大都市のひとつであったブダペストでは,「テレフォン・ヒルモンド」が電話回線を使った放送事業として定着し,第一次世界大戦後の1920年代にラジオ事業に吸収されるまで続いている。つまりこの場合の電話事業は,マスメディアとしての声の放送事業ということになる。

　情報社会におけるメディア融合の事例として,定番のように通信と放送の融合が語られるが,実は,メディアの変遷史のなかでは,電話にもラジオにも,多様で豊かな道筋の可能性が開かれていたのである。それは,携帯電話やインターネットの今後にも同様にいえることである。電話メディアの変遷史は,これからもいろいろな新しい衝撃的なメディアが登場した際に,私たちが目の前の仰々しい期待や表面的な語りを超えて,メディアの特性をできるだけ長期的な視野で考察し,安易な予想に慎重である必要を教えてくれる。

2節　電話の変身〜女性交換手とおしゃべり電話〜

● 交換手から自動交換へ

　現代的な電話文化に立ち入る前に,電話が通話メディアとして事業化されてきて以降の中距離・近距離の視野から"電話の変身"を整理しておこう。日本の電話史を振り返れば,もっとも大きな電話をめぐる変化は,①〈業務用電話から家電話へ〉と②〈黒い電話からカラフル電話へ〉という変化がある。今日では考えられないことであるが,日本では電話はしばらくの間"業務用の道具"であり,家庭用に普及するのには時間がかかった。また電話機は,1985年まで,電気店などで勝手に購入して接続することはできなかった。1985年に電気通信事業法（他の2つの法律と合わせて「電電改革三法」）が改正され,また電電公社がNTTに変わるまで,電話は,黒く重く,しかも,いわば"お上"から

貸し出されたものを使っていた。今でも使っている家庭がある600型電話機である。電話機デザインに個性（私的嗜好性）が入り込む余地はなかったのである。

こうした"外側"ともいえる変化に加えて，電話メディアの特性を考える際に示唆的なのは，電話は，携帯メールが普及する前は〈声〉だけのメディアであった。この〈声〉のメディアが意識されるのは，通話者の声だけではない。電話は，自動交換の登場以前は，いったん交換手という〈声〉に接続し，その交換手を通じて他者に接続されたメディアである。日本では，1926（大正15）年から都市部では自動交換がスタートしたが，1979年の全国の完全自動ダイヤル化までには実に53年間もかかっている。

電話事業が交換手という女性の職場として定着してきた点は，電話と身体性とのある種の本来的な親和的関係を思い起こさせる。松田裕之の『電話時代を拓いた女たち』は，情報技術時代の先駆を担った交換手という女性労働者の物語である。松田の研究によれば，電気通信に関する技能と知識をもった少年交換手が，接客面であまりに評判が悪かったために，「天使」としての女性に代わっていく。「天使」としての女性とは，イギリスのヴィクトリア女王の治世に発展した「家庭の天使」や「良妻賢母型」という女性のあるべき姿の規範概念である。そして，よき「母」，よき「妻」，よき「娘」に担わされたのは「愛すること」と「癒すこと」という二大役割であった。しかし，こうしたステレオタイプ化された役割を担わされたことは，逆に看護婦のような女性に特有の職業を産み，女性の社会進出を促すという「ねじれ」を引き起こすことになる。「ヴィクトリア期の男女の役割分担モデルに内包されたこのような『ねじれ』こそ，電話経営者に交換手の女性化（フェミニゼーション）をすすめさせた，もうひとつの動機となった」（『電話時代を拓いた女たち』49頁）。

女性交換手は，19世紀末，アメリカの上流階級に属する男性に対して〈声〉を通じて「愛」と「癒し」を提供する花形の「中産階層の未婚女性にふさわしいリスペクタブルな職業」（前

明治40年代の女性交換手
（写真提供：逓信総合博物館）

3章　電話というメディア空間の文化

掲書）として登場した。「女性交換手はどのような顧客の呼びだしにたいしても，まず『ハロー(Hello)』と応答したので，ハローガールと渾名された。他方，顧客にとって，彼女たちはマイガール（My Girl）あるいは，アワーガール（Our Girl）であった」（同書，66頁）。

いわば，女性交換手が，電話を社交メディアとして魅力あるものとし，そうして評価が高まっていく電話が，さらに社交メディアとして発見され使用されていく。電話というメディア事業の初期には，こうした牧歌的なプロセスを読みとることができる。もちろん，こうした初期の牧歌的な景観は，すぐに「完璧な交換手」としての規格化された質を量産する訓練システムを産み，交換機事業の拡大，スピードアップ，監視の強化のなかで変容し，労働環境はかなり劣悪な低賃金の3K職場へと転換していくことになる。

昭和3年頃の交換手の通勤風景
（写真提供：通信総合博物館）

電話交換手は，日本においても1890（明治23）年の電話開業時は，看護婦に続く希少な婦人の職業であり，まさしく「リスペクタブルな職業」であった。お手伝いさんに弁当を持たせて，人力車の送迎で通勤する良家の子女が多く，「白天竺の上着に袴をはき，白足袋に草履という颯爽としたスタイルは，新時代の職業婦人として憧れの的」（INAXギャラリー『電話』23頁）であったという。

電話というメディアは，女性的な魅力（それがイデオロギーであろうとも）と男性の利用欲望が作動するメカニズムをその"原風景"として抱えている。この「愛」「癒し」「社交メディア」という原風景が，時間を超えて，現在の伝言ダイヤル，ダイヤルQ^2からテレクラへと続く電話風俗の景観のなかで，再び登場してくるのは，電話メディアのもつ"魔術"的特性を物語っているともいえよう。

● **用件電話からおしゃべり電話へ**

さて，電話のもっとも大きな使用の作法，あるいは電話コミュニケーションの作法（接合フォーマットとしてのプロコトルといってもよい）の変化は，用件電話からおしゃべり電話への変化である。電話は，業務に役立つ道具として了解され，そうしたプロトコルを共有しながら使われた。高料金の業務用メディアという了解は，電話が抱えていた〈メディアの敷居〉のひとつでもあった。

電話の家庭内への浸透，そしてカラフルな電話機の登場と家電化は，電話のイメージを変え，電話利用の〈メディアの敷居〉を低くし，通話コミュニケーション自体を楽しむ利用に変えてきた。電話は「おしゃべり」の道具へと変身したのである。電話でコミュニケーションすること自体を楽しむという感覚，メディアと共生することを"快感"と感じる〈感覚のフォーマット〉への変化に注目する必要がある。電話でおしゃべりをするということは，当たり前のようでいて，実は，かなり難儀なことである。それは，電話が〈声〉という制限メディアによって成り立つメディア・コミュニケーションであることに起因している。

だが，電話にはさらに別の高い敷居がある。電話コミュニケーションがもっている"苦痛感・負荷感"である。相手が見えない〈声〉だけによるコミュニケーションはさまざまな負荷感をともなっている。私たちは，いつも心地よく，快く，楽しく使用したいと思って受話器をとるわけではない。どちらかといえば，ドキドキとした緊張感をともなって電話をかける。声電話の〈メディアの敷居〉は，決して低くはないのである。

もうひとつ，「おしゃべり」は，それ自体を目的として始められてはいないということである。通話のなかで，用件から「おしゃべり」へと"シフト"するのである。電話する"きっかけ"として用件は必要である。相手の生活に割り込むメディアである以上，「用件」があることもまた儀礼である。携帯電話になって，電話をかける敷居はいっそう低くなった。用件自体の質が，"軽いもの"になったといってよい。ささいなことで電話できる気軽さが生まれたのである。これは，電話コミュニケーションがもつ"負荷感"からの解放が要因となっている。

3章 電話というメディア空間の文化　57

3節　電話コミュニケーションのメディア特性
～緊張と悦楽のメディア～

● 対面の代替としての「電話で失礼します」：〈電話の軽さ〉

　電話の〈メディアの敷居〉が人によっては高く感じられる理由が,「儀礼的コミュニケーション」の作法からくる"負荷感"である。「電話で失礼します」。このフレーズは,最近では使うことが少なくなった。それでも就職活動の際には,今の学生でも「電話で失礼します」を使う場合がある。「夜分に,失礼します」「お忙しいところ恐縮です」。このように電話には,コミュニケーションの儀礼（社会的慣習として,パターン化されている礼儀）があれこれと使われる。この儀礼的フレーズの使い方で,相手の人格さえも判断する。

　例えば「電話で失礼します」という儀礼句には,本来直接会って話をすることがベターなのにという含意がある。人類は長い間,「目の前にいる」「身体・視線が相互確認できる」ことがコミュニケーションの前提であった。後に指摘するように〈対面・日常・秩序〉の3要素が,私たちが普段リアリティだと思っていることの前提要件である。だから,電話は,共在＝対面（copresence）でないということによって,ずいぶんと多くの言葉による補完を余儀なくされるのである。メディア空間というのは,コンピュータ・コミュニケーションも電話コミュニケーションも常に,会うという対面コミュニケーションの二番煎じ,三番煎じの位置にある。逆にいえば,それだけ"軽い"位置づけが与えられているのである。だから,「電話で失礼します」ということで,「この価値の序列は当然わかってますよ」と予防線を張ることが相互了解として求められることになる。

● 相手の社会生活に割り込むメディア：〈電話の暴力性〉

　「夜分に,失礼します」「お休みのところ自宅まで失礼します」。日本の普通の家庭では,午後9時過ぎたら,「夜分失礼します」となる。この儀礼には,家庭に割り込む暴力的・強迫的な行為に対して萎縮しているそぶりをみせなくてはいけないという相互了解が横たわっているわけである。電話は,相手が今

どんな生活をしているかという場面つまり状況的な文脈（コンテクスト）がみえない。生活場面に暴力的に割り込むメディアなのである。かかってきた側も，誰からかわからない。NTTがナンバーディスプレイ付き電話機を登場させたのは1997年である。着番（発信者番号の表示）機能は，携帯電話から始まってようやく家庭内電話へと普及してきたにすぎない。ただ，普通の家庭では，着番通知がなくても，「出てしまう」。かけてきた相手が見えないことは，「もし，でなかったから……」「もし，……」と，強迫感を生むのである。

この儀礼を，"わずらわしい"と思ったら，電話コミュニケーションは"苦痛"である。携帯電話が苦手，嫌いだけではなく，基本的に通話コミュニケーションが苦手・嫌いという電話嫌い人間は世代を問わずいる。筆者は電話経験について毎年学生へのアンケートを試みているが，1割から2割程度は確実に電話嫌い人間がいて，その多さに驚かされる。メール・コミュニケーションが普及するのはこうした電話（通話）コミュニケーションが本来的に抱えている"苦痛感"や"負荷感"から解放されるという理由がある。

● 沈黙・"間"が許されないメディア：〈話すことの強要〉

さらに電話には，もうひとつ余儀なく強要される"負荷感"がある。沈黙が許されないことである。常にどちらかが発話しつづけなければならないという「中断しない儀礼」がある。その意味では，とてもテンション（緊張感）がともなうコミュニケーション・メディアである。「何か話さなければならない」「間をつくってはいけない」と感じさせてしまう。負荷感は，しばしば不快感にもつながる。〈声〉という〈制限メディア〉にしかコミュニケーション・チャンネルがない以上，相手を見て安心していられる余裕はない。〈声〉だけのコミュニケーションの場合，基本的には，沈黙によってはコミュニケーションの「間がもたない」のである。否，沈黙は，非在の空間の存在を否応なく意識させる。非在の空間のメタファーともいえる"闇"の拡がりは，同時に不安と憶測をともなうことになる。

そして，この"間"をつくることが許されないという暗黙の相互了解・会話作法（＝電話のコミュニケーションの取り決めとしてのプロトコル）は，"話すことの強要"とその結果としての長電話の誘発となる。通話者は，話題の内

容を次から次へと転換・展開していく必要に迫られる。そして，用件から始まりながら，結果として意図せざる「たわいもない」おしゃべりが冗長に続くことになる。

筆者は学生に，毎年のように「電話で話すのと，直接会うのではどこが違うのか？」をフリーに答えてもらっているが，そこからは"沈黙"をめぐっての負荷感は意外に高いことがわかる。「電話だとお互いの顔が見えず，声だけのやりとりなので，（沈黙というものが許されないが）実際の会話だと同じ空間にいるかぎり沈黙はそれほど苦にならない」（19歳・男），「電話だと会話を連続しなければならないぶん会話が多く，はずんでいるような気になる」（19歳・男），「やっぱり顔が見えないぶん，会話がとぎれるのは何か気まずいです」（19歳・女），「なんでこんな事までと自分で思ったりすることまでも話してたりする」（19歳・女），「TELの時の沈黙ってイイ感じじゃない」（19歳・女），「時々沈黙になったら，それを埋めるためにむりやりくだらない話をしたりする」（18歳・男），「沈黙にならないように話しつづけなければいけないので，疲れる時がある」（19歳・男），「（会って話をする時と，電話で話をする時の一番の違いは）沈黙することができない点である」（19歳・男）。

● "あいづち"の必要：〈共在感覚の補完〉

基本的に電話は，〈話すことの強要〉をともなう会話の「中断を許されないメディア」である。このため電話で話をしている場合，常に「え～，え～」「うん，うん」「あ～，はい」「は～，そうですか」と相手へのあいづちを余儀なくされる。対面世界は，「視線合一（アイコンタクト）」で，相手の仕草を判断する。「目は口ほどにものを言う」は，「視線合一」の情報量や私たちが何気なくおこなっている情報処理力のすごさを反映している。

電話コミュニケーションというが，相互の会話はかぶらない。一方が話し，他方が聞く，つまり発信者と受信者は切り替わっている。極論すれば，電話コミュニケーションは，双方向コミュニケーションであるが，マス・コミュニケーション的な一方向的コミュニケーションの連鎖である。それが，とぎれなく連鎖していくためには，「聞いているよ」ということをわからせる，相手の話をとぎれさせないような短いフレーズの"返答""あいづち"が必要になる。

その意味では、聞き手はオーディエンスである。だがこのオーディエンスは、沈黙・無視を許されない"あいづち"と"話すことの強要を余儀なくされた"オーディエンスである。

● 切るタイミングの厄介なメディア：〈電話を切る儀礼〉

電話が、厄介なメディアである点、"負荷感"の高いメディアである点は、さらに「電話を切るタイミングの厄介さ」にもある。とりわけ長電話を切るタイミングは結構難しく、かつ工夫がいる。対面なら、「じゃ、バイバイ」と言って簡単にすませられることが、そう簡単にはいかないのである。再度、学生の語りに目を向けてみよう。

「適当に返事をしたりしてわざと疲れた素振りや、急いでいる素振りをしている」(21歳、男)、「トイレに行きたいとか、夜に長電話することが多いので眠りたいとかお風呂に入りたいとか言う」(19歳、女)、「切る時の態度は自分から持ち出す時にはすまなさそうに、相手からの時には努めて明るく」(19歳・女)、「だいたい自分から話を切って、電話を切ってしまう。そんな時自分は罪悪感にさいなまれることがある」(18歳・男)、「早く切りたいなんて素振りを見せないように」(18歳・女)、「自分から切ろうとしない」(19歳・男)。

また多くの者が、「キャッチが入った」「親が怒っている」「明日早いから」「用件のおさらいをする」などといった、偽りの「決まり文句」を使っている。苦労していると同時に、こうした決まり文句は、そろそろ切りたいという儀礼的なシグナルとして相互了解されているともいえる。逆に、その理由をそれ以上つっこんで聞いたら儀礼を失することになる。逆にいえば、「もう長電話をやめたいから」とストレートに理由を話す（モーティブトーク）ことはない。いわば偽りでも、理由づけが必要だというプロトコル（接合フォーマット＝会話作法）をもっている。こうしたやりとりは、いわば、「うそ」「いつわり」「演技」の過程である。学生の長電話は、4時間などはざらで、8時間というものも報告されているが、長電話好きの学生の間でさえも、こうした工夫に苦心している部分があり、無意識のうちに"負荷感"をともなっていることがわかる。こうした"負荷感"を考えれば、メール機能付きの電話が求められ、また電話嫌い、電話苦手学生が出現するのは当然といえる。

● 〈固有のリアリティ〉をもつ電話空間

　電話コミュニケーションの"負荷感"は，逆説のようだが，電話空間のもつ独特の魅力の裏返しでもある。電話空間は，その独特の文化，固有のリアリティをもつ対面と違ったコミュニケーションへと私たちを誘惑する力が作動している。長電話が端的な例だが，生身の身体ではなく，「(情報)メディアと共生する」こと，そのメディアがつくる人工的な世界に快感を感じる，場合によっては，時間・空間の感覚さえも喪失してしまう恍惚状態のなかで延々とメディア行為が続く。負荷感があるほどの障害は，逆に，〈対面・日常・秩序〉世界と異なるメディア空間に魅せられる要因ともなる。

　電話の空間感覚・時間感覚・リアリティについての学生たちの素朴な感覚を引き出すために，「電話で話すのと，会うのではどこが違いますか」という質問を投げかけてみた。「電話では，実際に会っていないから，容姿にとらわれないため，自分の偽りの空間がつくられがちになる」(21歳・男)，「顔を浮かべながら電話をしている」(19歳・男)，「自分の近くで話をしているかのような錯覚にあい無性に会いたくなる」(19歳・男)，「話し出すと切るのが嫌になる」(19歳・女)，「電話での会話では，電話を切ることによってもう相手の姿が完全に消えてしまう感じになる」(19歳・男)，「電話している時はその相手の人は自分にとって一番いいイメージで存在する」(22歳・男)，「個人と個人の間が一番近づく時ではないか」(18歳・女)，「電話を通しては近くに感じるのに，それでいて，遠くに離れているという変わった感覚を感じる」(18歳・女)

　こうした学生の語りからは，電話の相手の存在の独特さ，〈声〉という〈制限メディア〉を用いて相互に相手に対する「イメージの補完」や「イメージ構築」による〈リアリティの補完的構築〉をおこなっていることがわかる。つまりこちらで相手をイメージすることで存在を補完しながらリアリティをつくっているのである。ただ，電話空間リアリティの源泉は，「イメージの補完」「イメージ構築」だけでは説明がつかない。

　電話空間では，〈声〉というメディアがもっていた身体性，そして「耳元でのささやき」が，"没入感"つまり"メディア空間への溶解"を引き起こしていくともいえよう。私たちが，日常生活で，「耳元でささやく」ということは，

よほどの親密な性愛関係のシーンでしか起らないことである。電話はこうした親密な空間配置をいつもおこなっている。視点を変えれば，電話というメディア行為はとても"非日常的"行為なのである。

● 「おしゃべり」という〈感覚のフォーマット〉

電話が用件伝達道具からおしゃべりも楽しむ道具という特性も兼ね備えてきたことはすでに指摘した。この電話への没入，つまりメディア空間の快感を理解する補助線として，「おしゃべり」というコミュニケーションについて述べておく必要がある。私たちが，長いあいだコミュニケーションを「伝達」を中心に考えてきた。つまり，いかに正確に伝えるかがテーマであった。

これに対して，電話の通話文化がもたらしたのは，コミュニケーションの存在や持続自体が目的となり，その場にいること自体が快感となっているような感覚の形成である。それは，従来の伝達型のコミュニケーション・モデルでは説明しがたい，一種のモノローグ的な表出の連鎖や相互スイッチングによって成り立っているような場である。「おしゃべり」自体は，外形だけをみた場合には，やはりひとつの"場"や"状態"自体に，そしてその状態に"いる"ことが快感であることに意味がある。これまで述べたような数々の"負荷感"を超えて電話というメディア行為へと私たちを駆りたてていくのは，おしゃべりの"場"に"居る"ことが楽しく，快感であるという〈感覚のフォーマット〉の形成にほかならない。

山田登世子の『声の銀河系』は，〈声〉をめぐる〈フェミナン（女性性）〉な現象，〈声〉の"神秘"を論じた興味深い本である。例えば，電話でのおしゃべりについて，山田は次のように女性との根元的な親和性（適合的な関係・本来的な相性のよさ）を説く。「電話はいかにもパーソナルなメディアであり，本質的に『おしゃべり』のためのメディアなのだ。たとえば，語られることばのなかで，もっとも電話にふさわしくないのは『演説』であろう。演説は，距離のある相手に向かって語りかける様式である。けれども，電話の声は闘争性からもっとも遠い。ひとは電話でかわすのはどうしても『愛のことば』でしかありえない……」（『声の銀河系』14頁）。「まったく電話は女のために発明されたのではないかと思うほど，電話のおしゃべりと女のおしゃべりとはたがいに

良くフィットしている。女にとって，電話とは用件を伝えるためのツールではなく，声をとおして相手を『感じる』ためのメディア＝媒体なのだ」(前掲書, 230頁)。

電話は,〈声〉による「愛の共同体」だという山田の理解は, 電話交換手が女性であり, その出発点において「愛」と「癒し」の存在であったこととも符号する。フェミナンを, 実態としての女性・男性というよりも, 女性的要素として理解すれば, この山田の指摘は, かなり一般性をもっている。さらに,「用件電話（男性性）」から「おしゃべり電話（女性性）」への利用変化は, 単なる時系列上の変化ではなく,〈声〉モードが可能にしている2つのプロトコルの"併存化"へという変化である。しかも「用件電話」の発展の裏で,「おしゃべり電話」が作動している側面, あるいは, 用件から入っておしゃべりに変化したり, またもどったりするプロセスを考えるなら, 両者がかなり"相互浸透的"でかつ, "往還的"な関係であると理解したほうがよいと思われる。

● 〈声のフェティシズム〉と構築されるリアリティ

ただ, それでも, なぜ, 電話空間に没入するのか, その"場所"に"居る"ことが快感なのかという説明には幾つもの補助線が必要となる。そのひとつは,〈声〉という"メディアの野生"（メディア本来がもっている幻惑増幅力といってもよい）に注目しないわけにはいかない。すでに山田の電話の本質としての"女性性"と"おしゃべり"と"愛"の抜き差しならない関係については紹介した。

M.マクルーハンやW.オングに代表される20世紀メディア論の語りは,〈近代社会＝活字（文字）特化社会＝視覚一辺倒の文化〉という図式に対する反発を出発点にし,〈声〉の文化的位相を評価的に位置づけているという共通の語りのフォーマットをもっていた。文学者である彼らが, 文学の基盤である印字・出版文化による〈感覚のフォーマット〉の衰退や単機能化を嘆き, 古い時代の汚れていない解放の時代, つまり中世社会や部族社会や共同体社会に憧れるという構図を共有していた。つまり, メディア論は身体論と表裏一体の議論なのである。

そして, 身体との"距離"や"親和性"という視点からみれば,「電話のな

かで幻想される身体」（吉見ほか『メディアとしての電話』）は〈文字〉を超えている。「電話が対話する2人の声をそのまま伝えるメディアであるということが，電話的ふれあいにおけるこの身体性の感覚を支えている。……相手の声の震えや話す速度，息遣いなどをそのまま伝える電話の生々しさにくらべれば，それら（パソコン通信）ははるかに機械的なものであるはずだ。電話というメディアは，相手の声や息遣いをそのままに伝えることで，受話器の向こうにたしかに存在する相手の身体のイメージをつねにともない続けている」（前掲書，131～132頁）。

すでに述べたように，耳元でのささやき，1対1の会話以外入ってこない親密な小部屋。一方でささやく声という身体の一部でありながら，どこまでも声という制限メディアでありつづける矛盾。イメージを補完すればするほど，そのイメージが増幅して自律化していく。身体から距離をもった虚構としてのイメージ像が成長していく〈イメージの実体化〉。非現実化を推し進めつつ，現実化を図っていくプロセス。これは，身体とイメージ（コピー）の関係からみれば，かなり倒立した関係化のプロセスなり転換化のプロセスでもある。こうした，原図とコピーとの反転現象は，「象徴的逆転」（B.バブコック）や「リアリティの位相転移」（W.サイファー）あるいは「リアリティの比重反転」（加藤晴明）などといわれてきた現象である。

電話の〈声〉の場合，こうしたイメージ記号の肥大化・実体化によって，電話の声が構築する相手は，それ自体ひとつの声というモノによって構築される擬制的な人格性（物格化・抽象化）を帯び，それ自体が崇拝されるひとつの物神（フェティシ）となる。電話の声には，声の物神化，声のフェティシズム（庶物崇拝）とでも言いうるようなメカニズムが潜んでいる。

鈴村和成は，『テレフォン』において，最初に声のフェティシズムを指摘したひとりである。「電話の声のフェティシズムというものがあるのではないだろうか？　というより，電話の声は本来的にフェティッシュであって，それはつねに前後のコンテクストから切れたところで聞き取られる」（『テレフォン』30頁）。

「そうした場所をもたない場所，そこを，電話の声は漂流してゆくのだ。それはフェティッシュとしての電話の声である。肉体，その意識に現前する〈今〉

の全体性から切り離されて、根源的なものを失い、限りなく抽象的な、抽象化された〈線〉と化しながら、電話の声は未だ肉体に別れを告げたわけではなく、未だ肉体であり、肉体の現前に限りなく近いところにあって、我々に向かってviens（来て）と呼びかけることをやめてはいない」(前掲書、34頁)。

電話の〈声〉は、まぎれもなく〈声〉という実体をもちながら、しかし、現前こそがリアリティだという現前神話（J.デリダは「現前の形而上学」と呼んだ）を超える特性をもっている。そして、電話声のもつ不思議な魅力は、〈声のフェティシズム〉と相まって、空間間でのリアリティ反転の快感と、その快感と感じる〈感覚のフォーマット〉を生み出してきた。それは"負荷感"と"快感"との奇妙な相乗効果とでもいってよい。

● 電話と〈距離のパラドックス〉

〈声〉があり、相手はいるのに、でも現前しない、瞬間の流れにすぎない漂流する感覚。いわば、時間・空間から浮遊する感覚。こうした感覚について、G.ガンパートは、『メディアの時代』のなかで、電話のもつ触覚的で濃密なふれあいと距離のパラドックス（二律背反）について論じている。「ところが、電話による対話の一要素である相手の居場所という概念が、今やはっきりしなくなったのである。……電話の番号とその電話機のある場所との関係が流動的になって、かかってきた電話を任意の場所に回して受けとることが可能になったので、本人の居場所がコミュニケーションの内容にかかわる意味合いが薄れたためだ」(『メディアの時代』197頁)。「電話と距離の関係がもつ二律背反……。遠くに離れている愛する者の声が聞けるのは感激だが、同時にまたその人がそばにいないという現実に失望させられるのだ」(前掲書、188頁)。

いわば、オンラインでつながっていながら、でも身体レベルでは、現前ではないオフラインである"もどかしさ"。電話と距離のパラドックスのそうした"もどかしさ"は、偶然ではなく、非現前のメディア・コミュニケーションに構造的に固有の特性と考えたほうがいい。見方を変えれば、オフラインを求めてやまないのは、そうした"もどかしさ"にともなう不可避の欲望といえよう。オンラインとオフラインのパラドックスは、次の章で取り扱う、電子掲示板コミュニケーションやメール・コミュニケーションにおけるオフライン（対面）

を求める感覚とも重なる。

● 〈顔という牢獄〉からの解放と声による演技的変身

　電話を切るタイミングについての項でふれたように、電話コミュニケーションには、対面でないことからくるさまざまな儀礼が必要となり、長電話の切り方のようにしばしば「いいわけトーク（モーティブトーク）」が求められる。また抑揚や息づかいも重要な伝達記号となる。それらを組み合わせて、コミュニケーションを「つくる」わけである。極論すれば、そこには、自分の実感としては"正直な"会話の場合でも、実際には「うそ」「いつわり」「演技」がともなう。対面だから言えることもあれば言えないこともあるのと同様に、非共在関係である電話だから言えることもあれば、言えないこともある（こうしたことを考えることが、メディアの文化特性やメディアの文化的なフォーマットを考えることにほかならない）。「声による擬制的な身体的ふれあい」を可能にするのが電話であるが、この「擬制的」は人工的（artificial）ということであり、「つくる」ということである。そして、それは、コミュニケーションをつくるということであると同時に、「自分をもつくること」である。富田英典は、ダイヤルQ^2を研究した『声のオデッセイ』のなかで、こうした「自分をつくる」人間に現代人の特徴を見いだし「自己イメージ指向人間」の名称を与えている。

　電話空間での変身や別自己の構築をめぐる典型例は、対人コミュニケーションにおいてほとんど無口な「もの言わぬ双子」である姉妹が、電話では他者に向かって変身をして饒舌に話しはじめる物語がしばしば引き合いに出される。『沈黙の闘い――もの言わぬ双子の二つの闘い』（M.ウォレス）と題して日本にも紹介されたこのジェーンとジェニファーの物語のなかで、少女たちが、電話空間でのみ饒舌だったのは、双子である彼女たちが、電話空間のなかで〈顔という牢獄〉から解放されたからだといわれている（吉見ほか『メディアとしての電話』122頁）。電話あるいは、メディアのなかでこそ素直（という別の自分）になれたり、思い切り演技できたりするのは、この"顔"つまり〈対面という牢獄〉から解放されるからである。

　何度も繰り返すように、〈対面という牢獄〉からの解放は、電話が〈声〉だ

3章 電話というメディア空間の文化　67

けという〈制限メディア〉による対人関係であることに起因している。そして，その「制限・欠損」は，それを補うために丁々発止の戦術的な自己構築を迫られる。「電話独特のリアリティ構成において欠損ともっともかかわりが深いのは，電話回線の中を行き交う〈声〉としての自己の構成である。……電話は，その欠損性のゆえに，対面的な状況のもとでは不可能なリアリティや自己の構成を可能にしていく」（同書，146頁）。

　こうした自己の構成は，〈声〉という欠損性＝制限によって，情報を補ったり，少し別様につくったりすることを余儀なくされる消極的な構築もあれば，より積極的に構築する場合もある。つまり，何気なく，相手によって話し方・声色などを変える「消極的な構築」もあれば，より意図的に「積極的な構築」する場合も起こりうる。あるいは，それが得意な人もいれば，苦手な人も出てくる。

　ただ「積極的な構築」といっても，あたかもキャッチホンを使って幾つもの自分を使い分けるといった事例を発見することは容易ではない。筆者は，比較的長い間，この問題について学生からのアンケートを実施しているが，「私にはできないけど，可能だと思う」という答えが圧倒的である。声・話し方を切り替えていく"したたかさ"は，電話風俗におけるテレホンレディ（サクラ）の演技を除けば，社会的経験の差や社交的なリテラシーの差が反映しているとみなしたほうがいいだろう。

　キャッチホンについて補足すれば，キャッチホンが可能にしたのは原理的には2点ある。ひとつ目は，つながらないことがないという意味での「かけた側」「かけられた側」の制約からの解放である。キャッチをつけた理由に，「子供の長電話で，お父さんからの"カエルコール"がつながらないから，キャッチホンをつけた」ということがよく語られる。これなどは〈常時オン・コール待機状態〉のメリットそのものである。2つ目は，キャッチが入った場合に，受ける側が，かけてきた側をつなぐか，放置する（キャッチ通知音をならしたままにしておく）か，現在のコミュニケーションの切断（「今，キャッチだからかけ直す」や，「ごめん，キャッチがはいっちゃった」などの使用法）かという回線の選択ができることにある。つまり，キャッチ機能は，対面状況では不可能に近い〈他者の選択〉という風景を可能にしたのである。〈常時オン・コー

ル待機状態〉と〈他者の選択〉という"わがまま"（いわば，自己中心性）は，携帯電話の機能のなかに導入されることで，よりいっそう"わがまま"さ，つまりコミュニケーションにおける〈全能感の拡張〉，ひいては〈自己の拡張〉とでもいえる現象を増大していくことになる。

　学生たちの多くが，「私はフタマタはできないけれども」と述べるにもかかわらず，メディアそのものが，そうした自己の構築・自己編集・変身可能装置である点は変わらない。とりわけテレ・コミュニケーションでは，現前の表情・視線合一などの抑圧感から解放される。声，文字，ヴィジュアル情報を駆使して，何気なく，あるいは意図的にそうした操作が手軽に可能な社会的装置をつくり上げられてしまったのである。それが電話からインターネットをも含んだデジタル・ネットワーク社会である。そして，電話風俗におけるように，匿名的な状況では，電話のような〈制限メディア〉は，威力ある変身のためのツールとなる。ただ，電話に限っていえば，電話風俗をめぐるインタビューで，「電話でもてない人は，実際にも，もてないようです」という経営者の語りは示唆的である。文字に比べて，同期性メディアである電話は，自己編集にはかなりの能力・リテラシーが必要になる。日常的な電話風俗世界では，話し下手な人が，異性相手の匿名コミュニケーションで饒舌になれることは少ない。

　さらに，ひとつ注意しなければならないのは，メディア論一般にいえることだが，電話メディアがそれ自体で，そうした変身やそれによる癒しの機能を備えているわけではないということだ。電話に接続することが，対面と異なる空間を用意する。それは，電話メディアの特性として，〈対面という牢獄〉から解放される"軽やかさ"を，あるいは，電話風俗にみられるように〈制度という牢獄〉からの解放という"軽やかさ"を与えてくれる。その意味で，メディアには，本来的にある種の惑乱力や魔術的な力が備わっている。そこから先，変身するか否かは，メディアが決定することではなく，私たち個人個人の生活の文脈の問題である。

● "いたずら電話"からみえてくること

　〈対面という牢獄〉と〈制度という牢獄〉から解放された〈声〉のコミュニケーション空間は，"いたずら"電話という厄介な経験をもたらした。2章で

3章　電話というメディア空間の文化　69

　情報化の背景として都市型社会の成熟という社会的文脈の重要性を指摘したが，電話は都市型社会における匿名コミュニケーションという経験と密接に結びつき，極端な形態として"いたずら電話"という形で表出してきた。モラル問題を抜きにすれば，"いたずら電話"は，自動交換機以降の電話空間のなかでいやが上にも起こってくる現象であった。逆にいえば，私たちが，匿名性を確保した際に噴出させたいと潜在的にもっている欲望が，電話によって覚醒され，拡張され，表出してきたといえよう。

　その意味では，携帯からはじまり，NTTの家電話にも導入されたナンバーディスプレイサービスは，かなり画期的なサービスである。つまり「番号通知」と「非通知」の表示によって，お互いの姿が見えないことからくる緊張感・不安感・警戒感を減少してくれるからである。

　筆者は，数年前に，学生たちといたずら電話についての事例収集を試みたことがある。学生の電話経験のなかでは，いたずら電話は4種類に分けられた。

① 性的ないたずら電話（いわゆる"H系"といわれるもの）：これは，普通は男性から若い女性を狙ったものが多く，かつ"性的な声"が聞こえるケースが一般的だが，なかには，女性から女性にかかってきたものもあった。

② ストーカー的ないたずら電話：自分の知らない他人が，自分のことを知っていてかけてくる，いわゆるストーカー的なケースが一般的である。

　大学3年生の女性の高校時代の体験例：「……夜の8時か，9時頃，また同じ人から電話がかかってきた。その時も父親が電話に出たにもかかわらず，さっきと同じように平然と『○○ですが，▲▲さんいますか』と名乗ったので，私に代わった。友達に同じ名字の人がいるので，その人かなと思ったのだ。すると，『いつも△△駅にいますよね。いつも見てます。好きです。今度会ってくれませんか』と言われた。誰だかわからないし，気持ちがわるいので断った。それからひたすら断る会話が少し続いたが，今度は，『テレフォン・セックスしよう』と言ったのですぐ切った」。

③ 知り合いを装って会話しようとするいたずら電話

　大学3年生が1年の頃の体験例：加害者「誰だかわかる？」／被害者「わかんない」／加害者「本当に？　ショックだなあ……」／被害者「（少し考えて）△△君？」／加害者「そうそう」／（少し会話が続く）／被害者

「声，違うね」（ちょっとおかしいと思う）／加害者「うん，ちょっとね。風邪ひいたから」／（怪しいと思いつつも会話が続くが，話が合わないので，いたずら電話だと確信して，すぐ電話を切った）。

④　無言電話

大学4年生の体験例：「大学3年の時に引っ越しをしたのだが，1週間に1度，深夜1時10分になると必ず無言電話があり，それが半年以上続いた。一度はなくなったが，半年後に再びかかってきた」。

こうしたいたずら電話は，かけられた側には「不快感」「恐怖」をともなう。電話コミュニケーションでは，「もしもし」の後に，必ず，自分を名乗ることで「誰であるか」を補完する必要があるが，それが成り立たない以上，「誰か」がわからないことへの不安感は大きくなる。

とりわけ，①の性愛的ないたずら電話の場合には，モノローグ的であるぶんだけ，不快感は強い。男性から女性への性愛的ないたずら電話の場合には，受け手の女性の反応はあまり関係ない（期待していない？）。それは，かけた男性の側にとっては，耳元から女性の声が聞こえることによる疑似的なふれあいを味わうこと自体を目的としているからである。女性から女性への性愛的ないたずら電話の場合には，むしろ「のぞき」（窃視）の感覚に近いともいえる。かけられた側も，「誰かに見られている感覚」「のぞかれている感覚」に襲われる。「のぞく側」には快感が，「のぞかれる側」には，"何者かにのぞかれる"という恐怖感が増幅されることになる。

こうしたケースをめぐるインタビューのなかでは，「いたずら電話は"切りにくい"」という言葉がしばしば出てくる。被害者の女性たちは，「声だけだけど，すごくつながりがある感じ」「会ったも同然のような感じ」「すぐそこにいる感じ」を理由に挙げる。対面状況ならば，「無視して歩きつづける」「走って逃げる」といった動作で表現しうることが，拒否するにも電話回線で，言葉で伝えねばならないという電話のメディア特性が，こうした"切りにくさ"に表れているといえよう。

②③④タイプのいたずら電話の場合には，性愛的ないたずら電話よりも，不安感や警戒感を強める傾向がある。ただ，調査を通じてわかったのは，全体にいたずら電話のケースは多様で，被害者の対処の仕方もそれぞれ違うという点

である．今では，番号通知によって相手の特定がある程度可能になったとはいえ，いたずら電話に共通するコミュニケーションの構造は，「語る側の自由度と暴力性が高く，受ける側がそれを拒否できない」傾向があるという点は変わりない．もちろん，留守電や特定の相手からだけの着信という電話テクノロジーとしての対応も可能であるが，むしろ，いたずら電話を通じてみえてくるのは，電話という情報空間が本来もっている，ある種の一方的（one way）な関係，そして，相手が見えないこと（非現前）が増幅する，かける側の身勝手さやかける側の欲望の肥大である．

● "巫女（メディア）"としての電話

電話メディアは，ある意味では私たちの潜在的な欲望の肥大を加速させる"惑乱"装置である．電話メディアのこうした惑乱的特性や怪しさを，高山宏は17世紀まで遡りながら次のようにセンセーショナルに語ってみせる．「現に19世紀末，音響と電気を魔術と感じていた人間たちによって電話はテレパシーと同じ遠隔魔術の幻想（ファンタスム）を助けるものとして発明された」．「電気も，磁石も，音も，振動も，電話を成りたたせるすべてが魔術に淵源をもっている．メディアはここでは文字どおり巫女（メディア）だったのだ」（「テレフォン――その「魔術的」世界」INAX ギャラリー『電話』12～14頁）．

"綺想"ともいえる高山のこの語りは，電話メディアが，逆に従来の情報社会論が置き忘れてきた幾つものメディア文化研究の主題を孕んでいることを教えてくれる．

Courtesy of the Boston Public Library, Print Department. Photograph by E. E. Bond.

会話の織り姫

参考・参照文献

INAXギャラリー『電話——コミュニケーション・ジャングル』INAX　1993
M.ウォレス　島　浩二ほか（訳）『沈黙の闘い——もの言わぬ双子の二つの闘い』　大和書房　1990（原書1986）
川田順造『聲』筑摩書房　1988
G.ガンパート　石丸　正（訳）『メディアの時代』　新潮社　1990（原書1987）
黒田　勇（編著）『オフメディア・オンメディア』法律文化社　1995
Scientific America, 1877. 10. 6.
鈴村和成『テレフォン』洋泉社　1987
中京大学社会学部加藤晴明ゼミナール『メディア文化研究報告書第２号　電話コミュニケーション——若者はなぜ電話をするのか』中京大学社会学部加藤晴明研究室　1998
逓信総合博物館（監修）『日本人とてれふぉん』NTT出版　1990
J.デリダ　高橋充昭（訳）『声と現象』理想社　1970（原書1967）
富田英典『声のオデッセイ』恒星社厚生閣　1994
B.バブコック　岩崎宗治・井上兼行（訳）『さかさまの世界』　岩波書店　2000（原書1978）
C.フィッシャー　吉見俊哉ほか（訳）『電話するアメリカ』　NTT出版　2000（原書1992）
松田裕之『電話時代を拓いた女たち』日本経済評論社　1998
山田登世子『声の銀河系』河出書房新社　1993
山田登世子・鈴木和成・西垣　通ほか『声』ポーラ文化研究所　1992
吉見俊哉・若林幹夫・水越　伸『メディアとしての電話』弘文堂　1992
Ronell, A. *The Telephone Book*, Univ. of Nebraska, 1989
渡辺　潤『メディアのミクロ社会学』筑摩書房　1989

4章 〈情報の主人公〉となれる電話メディア
　　～電話風俗とケータイ文化～

1節　電話風俗と〈自己物語のリライト願望〉

● 情報社会の"建前"を崩してくれる電話風俗

　ポケベルや携帯電話が新しいメディアの到来として注目される以外には，電話は注目されることの少ないメディアである。むしろ，電話が社会的に注目されるのは，伝言ダイヤル，ダイヤルQ^2，そしてテレクラといった電話風俗が，青少年や制度的に"立派な"大人の惑乱的暴走事件として犯罪に結びつくかぎりにおいてである。だが電話風俗を社会問題として審判するだけでは電話メディアの特性はみえてこない。むしろ，なぜ，利用者が電話の世界に没入してしまうほど魅力的なのか？　その幻惑力・惑乱力にこそ着目したい。電話風俗というメディア文化は，メディア文化そのものを考える恰好の素材なのである。
① 　電話風俗が，あまりに日常的経験すぎて意識することのない電話コミュニケーションに含まれている電話〈声〉世界の独特の作法を示してくれる。
② 　電話風俗が，社会的に正当化されないメディアであることで，逆に過剰な期待感や未来社会論から自由にメディアを考えることができる。この点では，社会に役に立つ存在として期待されつづけてきたニューメディアやインターネットとは好対照をなしている。
③ 　メディア論は，とかくメディア決定論に陥りやすいが，電話風俗は，利用者の生活史や社会的文脈との連環のなかでしか理解できない点も多く，この点でもメディアと社会を考える恰好の対象となる。

　こうした電話風俗へのエスノグラフィックな研究としては，岡田朋之が行った伝言ダイヤルの研究，藤本憲一のポケベル研究，富田英典のダイヤルQ^2研究，そして宮台真司のテレクラ研究などが挙げられる。

● 〈メディア・パートナー〉供給の社会的装置化

　電話風俗（テレクラの場合）の出発点は，1985年以降に，電話事業の規制緩和によって「見知らぬ相手との親しいおしゃべり」を可能にする社会的装置（情報サービス）が生まれたことである。つまり電話風俗は，行きずりの他者との"偶然の邂逅（巡り会い）"そのものをビジネスにしている。規制されつつも脈々と続くこうしたメディア空間内での〈メディア・パートナー〉（電話の場合「電フレ」ともいうが，本書では，6章で扱うメル友も含めてこの言葉を多用する）探しの事業はすでに社会的装置化されているといってもよい。メディア空間内での出会い事業（メディア・パートナー供給の社会的装置化）は，私たちに，他者との「偶発的な接続可能性（コネクティビティ）」を"極端に"容易にしてしまった。接続メディア空間そして〈出会いメディア空間の社会的装置化〉は，同時に，接続コストの低廉化や〈出会いコストの簡便化・低廉化〉でもある。私たちが匿名性を楽しむような都市的な徘徊場所として，都心（盛り場）に加えて，電話空間という情報空間が加わってしまったのである。いまや，〈フレンドシップ（友愛・親密さ）〉は，個人の部屋や携帯という究極の"私空間"という"どこからでも"，"いつでも"供給されるシステムによって支えられるものとなってしまったのである。

　こうした出会い系メディア空間内での"偶然の"出会いによって生まれた"一見"親密な，あるいは親密"風"な他者が，〈メディア・フレンド〉〈メディア・パートナー〉である。"一見"とか"風"という言い方にならざるをえないのは，1対1のコミュニケーションの密室での〈声〉のやりとりには，「あっ，こんにちは……」と初対面の者同士に"一気に"親密な対話的な"語り口"を引き出す力，つまり〈表現上の親密性〉を作動させる力が備わっているからである。こうした〈表現上の親密性〉は，いわば〈親密性モード（モードとしての親密性）〉や〈疑似親密性〉といってもよいかもしれない。それは，家族・親友などへの一般的・実質的な「親密性」や「（親密性のひとつのモードとしての）恋愛感情」とは"いったん"区別しておく必要がある。電話風俗も含めて，1対1のメディア・コミュニケーションの特徴は，いわば最初から，あるいは"一気"にこの〈表現上の親密性〉というモードがコミュニケーションのプロトコル（接合フォーマット＝会話作法）として使われ，結果としてそれが

一般的・実質的な「親密性」へと発展するプロセスをたどる点が対面配置から始まるコミュニケーションとは異なっている。ただ，対面配置からスタートする場合でも，〈表現上の親密性〉と実質的な「親密性感情」・「性愛感情」とは，相互に補強・確認しながら増幅していくわけであるから，"結果として"親密性の質自体に本質的な違いがあるわけではない。要は，〈声〉による〈表現上の親密性〉から，身体も含めた一般的な「親密性」感情に"転移"できれば，二空間での親密性は"連続的"なものとなる（もちろん，多くの場合，両者は"断絶的"な関係となる）。

　宮台は，こうした電話風俗（テレクラ）がもたらした"接続メディア空間"における出会いコミュニケーションを，都市型社会のコミュニケーション・モデルとして捉え「n対n関係モデル」と名付けている。「インターネットはn対nのコミュニケーション。それで言うなら，テレクラもパーティラインも，同じように，n対nの偶発的なコネクティビティ（接続可能性）をもつ。要するに，誰から誰につながるかわからないような偶発的なコミュニケーションなのだ」(『世紀末の作法』130頁)。「実は，日本では，テレクラ，伝言ダイヤル，パーティライン，ツーショットダイヤルのおかげで，一部の連中の間では，インターネットが普及する以前から，本質的な意味で『インターネット化』が進行していたのである」(前掲書，131頁)。こうした指摘が"社会学"からのみ可能となったのは興味深い。

　パソコン通信やインターネットの出会い用掲示板でも同じだが，ある瞬間に書き込んだり，録音したメッセージの上に，どんどん新しいメッセージが積み重ねられていく。掲示板のメッセージも，電話風俗のメッセージも，それらを遡って読んだり聞いたりすることに限界がある以上，ある限られた時間における他者のメッセージとの出会いがあるだけである。パーティーラインやツーショットなら，ある瞬間，瞬間に，機械が自動的に接続してくれる相手とつながることになる。都市型社会は「匿名性」と「モビリティ」が高い社会である。見知らぬ人びとが空間移動し，身体加工・ファッションによる意匠表現によって，そして「変名（後述するメディアネーム）」と〈声〉〈文字〉あるいは〈視覚情報〉という〈制限メディア〉によるメディア表現・編集によって，相互に「接続」する頻度が高い社会ということになる。

こうして「接続」は「出会い」へと転換し,「表現上の親密さ」は,「(フレンドシップ的な,あるいは恋愛的な)親密さ」への転換の期待も込めて,対面世界へと持ち込まれていくことになる。メディア・コミュニケーションは,常に「対面」(オフライン・ミーティング)への環流をともなうのは,「情報メディアによる制限された表現上の親密さ」を「親密さ」に変えたい欲求が含まれているからにほかならない。

電話風俗空間は,こうした「接続」「出会い」「親密さ」への転換が,有料サービスとして提供されているシステムである。人びとの「偶然」の「接続(出会いの可能形態)」が「親密性」欲求を満たすために,(営利・非営利を問わず)事業システムとして装置化されている社会,それがメディア社会である。そして,〈代替可能な出会い〉がいくらでも提供されつづけている点に,社会の「流動性」の高さと都市型社会の成熟の姿を垣間見ることができるのである。「家庭」「学校」「地域」とは異なる,メディア空間という都市空間が装置化されたが,それは,ストレンジャー(未知の他者)がふれ合わない孤独な社会というよりも,濃密な〈表現上の親密性〉が蔓延する"一見孤独から解放されると思わせる"社会である。

● 「匿名性」ではなく,〈メディアネーム〉による〈匿名状況＝非制度的状況〉

「匿名性」とはいっても,それぞれ識別名を名乗るわけであるから,ハンドル名,源氏名のような〈メディアネーム〉はもっている。つまり〈メディアネーム〉という「名宛性」(呼び名)があるといってもよい。そして〈メディアネーム〉による相互の自己開示が行われる。自己編集といってもよい。「n 対 n 関係」は,瞬時に「1対1関係」に転化し,2人の情報空間という密室のなかで,「親密性」もどきとでもいえる親密なメッセージや会話が続いたり,続かなかったりする。

〈メディア・パートナー〉を代替可能なものにする〈メディア・パートナー供給の社会的装置化〉は,〈メディアネーム〉の相手,つまり〈メディア・パートナー〉が気に入らなければ簡単にリセットをかけてしまうことができる。インターネットでも,携帯電話のメールの出会い世界でも,電話風俗でも一見"無限に"出会い相手がシステマティックに供給される。電話風俗のツーショ

ット（1対1の会話サービス）では通常は「♯」を押せば，「お相手が変わります」というメーセージとともに別の異性につながってしまう。メディア空間での出会いは，簡単に〈表現上の親密性〉つまり親密な雰囲気を形成するが，同時にいとも簡単に廃棄・再スタートも可能する。こうした代替の容易さ，つまり交換可能性・代替可能性の高さは，都市型社会の"流動性"を増幅させる。

　ただ，注意が必要な点は，こうした代替可能なものとしてシステム化された出会いが，軽すぎて，うそであるという主張は根拠がないことである。もちろん，単なる記号としての変名を用いて"通りすがりの性愛"を消費することもできる。同時に，コミュニケーションの"キャリア経験"を積み重ね，"記憶"を積み重ねて恋愛・結婚という物語を編んでいくこともできる。あるいは友情を深めることもできる。〈メディア・パートナー〉のフレンドシップ（親愛・友愛関係）は，簡単に捨てることもできれば，メディア経験のキャリア経験に裏打ちされた濃密な親密性へと展開することもできる。例えば（筆者のフィールドワークでは）インターネットの出会いよりも電話風俗で出会って恋愛・結婚するケースの率のほうがはるかに高い。〈声〉というメディアの力と，電話風俗に求める欲求やハードルを跳び越える姿勢の差が反映しているといえる。「容易な接続」から，「このメディア・パートナーは代替可能でない」と当事者同士が信念を共有してしまうような親密性に発展し，そこに恋愛という物語が生まれる段階では，それは「匿名」の世界ではなく，虚偽・虚構の世界でもない。〈声〉の掲示板を通じて形成された通りすがりの社交空間は，ささやかなコミュニティとなり，オフライン（会合）を通じて，さらに物質性をともなう身体も通じて，相互行為が出来事・経験・時間（つまりキャリア・記憶）として積み重ねられる。そして，相互行為のキャリアと記憶が蓄積されることで，ある種の実体性（リアリティ）の感覚や共同感情（コミュニティ意識）が醸成されることになるのは当然である。それは，虚構でも仮想でもなく，まぎれもなくひとつの社会的世界である。

● 〈主人公感覚〉と〈関係の消費化〉
　以上のように，情報空間での，〈メディア・パートナー供給の社会的装置化〉，いわば〈出会いメディア空間の社会的装置化〉によって供給された出会いを"非

道徳的なもの""うそ"として非難する論理には根拠がないことを認めつつも，私たちは，「いやならリセット」して，新しい関係を探せばよいという感覚をも蓄積させてきている点にも留意しておく必要がある。それは，徹底的に"自己の都合を中心に据えた"相互行為の場への関わり方（作法）である。わがままで傲慢ともいえる〈感覚のフォーマット〉が許容される場でもある。コントロール感や万能感ともつながるこうした〈感覚のフォーマット〉を，本書では，〈主人公性〉〈主人公感覚〉という言葉で表現していくことにする。電話風俗のツーショットにおける「＃」による相手の切り替えは，そうした"わがまま感覚"をベースにした"自己都合"を最優先した関わり方の極限の姿でもある。「いやなら」「気に入らないなら」即刻次を探せばよい。

　こうした〈代替可能性感覚〉〈交換可能性感覚〉が，パーソナルなメディア経験のなかで蓄積されてしまったことの意味を考えることもメディア文化というテーマに含まれる検討課題である。人間の出会いやコミュニケーション（社会学的には相互行為）が，あまり負荷をともなわずに，極めて容易にシステムとして提供されることは，同時に「関係の消費化・消耗品化」に近い感覚でもある。最近の大学でも，中学・高校時代に電話風俗（テレクラ）を経験した女性の多さに驚かされる。

　また見知らぬ他者とのベル友やメル友経験も極めて"自然な通過儀礼的経験"となっている。富田が名付けた「インティメイト・ストレンジャー」（通りすがりの他者との親密な関係）と出会い経験は，いわば〈エクスチェンジブル・エンカウンター〉（代替可能な出会い）の装置化によってもたらされた〈メディア・フレンド〉〈メディア・パートナー〉経験である。そこには異性への恋愛・性愛的感情もあれば，友愛としてのフレンドシップ感情も幅広く成立可能である。その幅は，相互のメッセージのやりとりに託された自己の思い入れ（幻想）によって決定されるにすぎない。

● 〈非制度的場所〉への解放

　メディア論的にみれば，電話風俗空間では，〈声〉という独特の身体のリズムと直結した性愛的な指向の強い〈制限メディア〉が独特の"ノリ"の空間をつくり出している。こうしたメディアとして電話の〈声〉の"巫女的"な幻想

付与以外に，私たちは社会的文脈という視点からも，こうした電話風俗が根強く継続的に利用されつづけていることの意味を考えてみる必要がある。人はなぜ社会的にマイナスイメージの強い電話風俗メディアを利用するのか。あるいは利用が続くのか。そんな問いにどのように答えたらいいのだろうか。

すでに述べたように，電話風俗（テレクラなど）は，教育問題・性犯罪問題など社会問題の位相で社会的に語られる（表象される）ことが一番多い。

これに対して，メディア社会の文化に焦点を当てる視点からは，"利用者の欲望"や利用に際して背後にある利用者ひとりひとりの人生の物語や，そうした欲望喚起装置としての電話メディアの"事業特性"に注目していく必要がある。電話風俗空間のなかで現れてくるのは，（男性に多い）「性愛コミュニケーションへの欲望の表出」や（女性に多い）「ライフコース上の願望の現れ＝主人公性願望」だが，そうした欲望・願望を産み出すもっと大きな社会的文脈，基本的には都市化や〈都市型社会の成熟〉とのからみで理解していく必要がある。

電話風俗（テレクラの場合）をメディア事業として定義すれば，電話空間における，〈異性（同性愛も含めれば性的他者）との接続の"絶対的"保証〉をおこなう情報サービス事業である。この"絶対的保証"には，コストがかかっている。つまり，常に新規の利用者を呼び込むために街頭ティッシュ配布や性的女性誌・男性誌への広告掲載，そして，アルバイトとしてのテレホンレディ（＝サクラ）の存在である。この保証にかかるコストは，そのまま高額の利用料金（男性のみ。通常100円／分。女性は無料）に反映される。

電話風俗の女性利用者の場合，アルバイトと配布ティッシュ・チラシなどによってアトランダムに電話をかけてくる女性とに分けられるが，両者の境界はかなりあいまいである。ともかくも〈異性との接続の"絶対的"保証〉をおこなう電話風俗事業のメディア特性として以下の3点を整理しておきたい。

① 生活に密着したメディアとしての電話（media familiality）⇒メディア的敷居の低さ
② 身体に密着したメディアとしての電話⇒〈声〉のメディアの誘惑性
③ 簡易な出会いを可能にするシステムとしての電話⇒出会いコストの低減化

電話風俗空間では，匿名状況における〈メディアネーム〉の男女が主人公となる。この〈メディアネーム〉のもつ意味は，単に記号的な名宛性にあるだけでなく，「制度的な役割・地位関係」という，私たちが背負っている通常の社会的世界（家庭・学校・地域・職場など）からの離脱，つまり〈制度という牢獄からの解放〉の役割が担わされている。マヤ，アヤ，アユミ，リエ……などどこにもありそうな"可愛いい"名前が選ばれ，身長・体重など出会いたい相手への希望値や，アクセスした動機に関する情報を操作しながらの"戦術的な"自己呈示が図られる。

私たちが電話風俗という情報事業に関して注目しなければならない社会的文脈に関わる問題は，こうした社会的にネガティブ・イメージのメディア事業が，それにもかかわらず，「なぜ，私たちを惹きつけてやまないのか」という問いである。電話風俗は，2つの厄介な敷居を超えて成立している。①メディアの敷居と②社会的敷居である。メディアの敷居は，操作性や価格の問題で，生活に密着した電話のほうが，パソコンを使ったパソコン通信・インターネットよりもより敷居の低いメディアであったことによる。社会的敷居は繰り返し指摘してきた社会的なネガティブ・イメージをもつメディア空間にあえて参入していく・匿名状況へと参入していく際の敷居である。

「家庭」「学校」「地域」「会社」など，いわば「制度」によって縛られた社会的世界では，その世界にふさわしい振る舞いが要求される。E.ゴッフマンが「状況的適合性」という言葉で定義した，ある社会的舞台にふさわしい振る舞い方の作法は，気楽であるとともに窮屈でもある。この点で，電話という，物理的な「空間」からの離脱を可能にする装置は，制度的な場所という現実らしい現実からの解放の扉となるのである。扉の向こうには，別個の社交空間が存在している。この"別の"社交空間と接続するという電話の可能性の魅力が，社会的イメージの低い電話風俗への参入を促すことになる。この点では，電話風俗のチラシが，「遊び感覚で，楽してリッチになれる」という金銭的メリットだけではなく，"ロマンチックな出会い"への美辞麗句を並べているのは当然のことといえる。

つまり，電話事業と出会い風俗事業との結合は，日常生活の繰り返し（ルーティン）が抱えている「閉塞感」「ままならなさ」「もどかしさ」「余儀なさ」

をともなっている今の自分の人生（ライフコース）に対する，「やり直し」「代替」「ロマンチックだった過去の再現」への漠然とした希求・願望が生み出した構造的な結果である。電話風俗への誘いは，「今いる社会的場所」をそのままに，それとパラレルに，あるいはそれを変えるために，「もうひとつの生きる場所」への誘いである。「家庭」「学校」「地域」「職場」という制度的役割関係・制度的現実では満たされない，〈制度という牢獄〉から解放された「非制度的場所」へ参入する誘いでもある。

● **自己物語をリライトする願望：メディアがドラマトゥルギーを可能にする？**

電話風俗空間に対する男性の欲望は極めて単純である。それに対して，女性が社会的敷居を超えて参入するためには，公民館やコミュニティセンターあるいはカルチャーセンターの習い事サロンで選択縁をつくるのとは異なる緊張がともなう。社会規範を超えて，電話風俗に参入するには，それなりの理由が必要である。ポケベル・携帯電話やインターネットでメル友を探すことは口外できても，テレクラは親しい友人にも口外できない敷居の高さ（社会的マイナス評価からすれば当然だが）をもったメディアなのである。こうした口外できないほどの敷居の高さを超えてまで，私たちを電話風俗に駆り立てる欲望として電話風俗利用者の表面的な語りの背後から浮かびあがってくるのは，自己の人生に対するもうひとつの「居場所」願望，さらには，ドラマトゥルギー渇望感＝「主人公願望」である。

例えば既婚者であれば，かつての〈自己物語の主人公〉として生き生きとロマンチック・ラブを享受していたことの残照を見いだすことができる。そうした女性たちからは，必ずといってよいほど「ひとりの女として見てほしい」という言葉が語られることが多い。集団という言葉の意味内容こそ違うが，「女が妻でもなく母でもなく，"個人"になれる場所」（上野『「女縁」が世の中を変える』21頁）の入り口（結節の出発の場所），それが電話風俗空間であり，そこでは〈自己物語のリライト〉が可能になるような予感・期待が詰まっている。そして，電話風俗の場合には，選択縁のもつフレンドシップ（友愛）は，友愛でとどまることはできない。ロマンチックラブ（女性）と性愛（男性）へ

の渇望が，身体に近いエロティックな声の空間で交差せざるをえない。電話風俗空間は，この意味では，文字（メール）世界よりもはるかに，実際の友愛・性愛関係に進展する率（カップリング率）は高い。

　コミュニケーション・メディアは，今いる対面的空間を超えるというだけではなく，その対面的生活が同居している制度的現実からの離脱・解放のメディアとなる。その先に拡がる軽やかな解放感と，もうひとつの社交空間でのドラマトゥルギーへの期待，主人公願望が拡がる。こうした期待は，電話風俗に限らず，パソコン通信，出会い系個人情報誌も変わらない。「偶発的な接続」を提供する情報サービスは，制度的社会空間から離脱したいという都市型社会の社会的文脈と結びつく親和性をもっているといえる。メディアが自己物語のリライトを可能にしてくれるような幻惑力をもつこと。そして，メディアが人生の新しいドラマトゥルギーを可能にしてくれる誘惑力をもつこと。メディアのこうした力に着目して，〈メディア・ドラマトゥルギー〉というメディアを評価する視点を提起しておこう。繰り返すが，メディアが〈自己物語のリライト〉を可能にするような幻惑力を備えているか否かをメディアの評価軸に据える〈メディア・ドラマトゥルギー〉の視点は，俗悪なイメージの電話風俗に固有の話ではなく，インターネットをめぐる"美しい出会い物語"映像作品に共通のフレームである。後にふれる，パソコン通信を題材にした映画の『(ハル)』，テレビドラマの『WITH LOVE』，映画の『ユー・ガット・ア・メール』も同型の語りのフレームをもった物語である。

　視点を反転させれば，メディアは，こうした〈メディア・ドラマトゥルギー〉の誘惑力を提供しなければ，私たちの内発的な利用と結びつかないということである。そして，私たちの都市社会は，制度的空間とパラレルに非制度的空間という"もうひとつの生きる場"をある意味で，「人生の敗者復活戦（リライト）」の場として装置化してしまった社会なのである。

2節　携帯電話と〈自己都合型コミットメント〉

● 携帯電話（移動体通信）からみえてくること：ホモ・モバイル

　電話についての社会的関心が，電話風俗以外の理由で注目されるようになっ

てきた。携帯電話の登場である。携帯電話は，①急速な普及，②多機能化，③文字メール文化，さらに④インターネットとの融合によって，これまでインターネットに焦点が合わされていることが多かった情報社会の主役のひとつに躍り出たといってよい。

こうした携帯メディア，ワイヤレス・メディアやワイヤレス・ライフについて，社会的関心が高まっているが，株式会社NTTアドは，2000年にワイヤレス生活について『Wireless Wave──ワイヤレス生活者調査報告書』という興味深い報告書を出している。調査からの主な発見点は次の4項目にまとめられている。

① プライベート・シーンで拡大する携帯電話──ビジネスからプライベートへ　例えば，「特に20，30代層ではプライベート・シーンでの携帯電話利用が95％前後と高く，固定電話を凌駕している」と報告している。
② 似て非なるもの「モバイル・メール」──新しいコミュニケーションの形式としてのモバイル・メール
③ ライフステージ別──30代は携帯電話利用法のボーダーライン
④ 20代のプライベート・シーンで進行するパーソナル化──モバイルからパーソナルへ

報告書はまた，携帯電話の用途に関する考え方や，名刺代わりの使用についても以下のように指摘をしている。

・携帯電話の利用場面では，各世代を通じて，「緊急の連絡」が8割前後と中心であるが，20代層では，「知人への久しぶりの連絡」「通常の連絡」「知人への頼み事」「知人への文句」「知人へのお礼」など，友人・知人との幅広いコンタクトに利用する傾向が強い。
・20代携帯電話ユーザー層では，プライベートな場面での初対面での人に連絡先を教える時は「携帯電話番号」が7割強。
・逆に30代以上の層では，「携帯電話番号を教えたくない」が「教える」を上回り，この層では，「自宅の電話番号を教える」割合がもっとも高い。

こうした携帯情報メディア（モバイル・メディア）によるコミュニケーションの変容については，以下のような検討課題を整理しておきたい。

(1) 携帯電・装身電とホモ・モバイル（vs　家電・部屋電）

(2) 選択型・自己都合型コミュニケーションへ（vs 包括的・儀礼的）
(3) 軽く明るいメディア文化（vs パソコン文化・電話風俗文化）
(4) 文字・声・画像によるコミュニケーションの多モード化（vs 声）
(5) 携帯インターネットとカジュアル・インターネット社会（vs パソコン型・フォーマル・インターネット社会）

● 固定電話（家電・部屋電）から，移動電（携帯電・装身電）へ：現前空間と生活空間のズレの発生

　電話が置かれている空間は，都市型社会の基本的トレンドのひとつである「私化（プライバティゼーション）」と重なり合う。電話は，ビジネス電話としてだけでなく，家庭電話として普及する際には，最初，家と外部との境界としての玄関に配置された。その後，家庭生活の中心が居間に移るにつれて，居間へと侵入していく。この居間への侵入は，家庭という集合的生活空間と私的通話空間とのトラブルを生むことになる。つまり子供のおしゃべり電話と家庭生活とのリアリティ間トラブルが生じ，電話は次第に個室へと侵入していく。電話を用件電話主体で利用し，しかも対面的な儀礼の延長で使用する世代と，おしゃべり長電話や，姿恰好を気にしない世代との文化摩擦でもあった。筆者が大学の社会人講座を担当した際に，50代の女性から，20代の娘が湯上がりのまま屈託なく電話する恰好が耐えられないといって，部屋に電話を付けてやったという話を聞いたことがある。これなどは，メディア使用をめぐる文化摩擦の典型といえよう。世代の摩擦であるとともに，居間という空間での振る舞い方をめぐるあるべきコードの違いが摩擦を生んだといえる。

　自分が今いる空間，現前する空間（社会的舞台といってもよい）と，通話することで構築している空間（社会的舞台）との間に，ズレが生じてしまう。こうしたズレは，個室や電話ボックスならば，他者を侵犯することもない。電話ボックスのなかの動作は，ズレがあってもおかしくないものとして了解される。しかし，衣類や腕時計のような装身メディアとなった携帯情報メディアは，こうした境界を消失させる。電話空間内に没入する通話者にとっては，今ここという現前の社会的状況の重さ（リアリティ）が消失するわけである。電話空間もまた私たちのもうひとつの生きる生活空間であるから，通話している瞬間に

は，現前空間と生活空間がズレてしまっていることになる。

　しかし，それは，個室や電話ボックスにいる場合と違い，公的空間にいるかぎり，通話者は，現前という生活空間から消えるわけではない。余儀なくとはいえ，そうした社会的舞台に係留もされている。そこでは，その公的空間という社会的状況に沿った儀礼的（もっともらしい）行為が求められる。携帯電話のマナー問題は，こうして発生するのである。携帯電話が普及しはじめた当初には，こうしたズレがマナー問題として社会問題化したが，今日では，①場所的分離（たばこの分煙のようなもの）と，②携帯機器の工夫（マナーモードの利用）によって，既存の社会的舞台を荒らさないような住み分けが進みつつある。ただ，学生へのアンケートなどで少し意外なのは，携帯マナー問題はなくなってしまったわけではなく，携帯を一番使用する若い世代でも他者の携帯による社会的場面荒らしへの不快感はかなり高いことである。後に整理するように，現前の日常生活空間のなかに，コンピュータ・スクリーン上でウィンドウが開くように，多元的生活空間型社会が到来してしまったといってよい。

● **ホモ・モバイルと社会選択の多様・自由な社会（初期情報社会論のヴィジョン）**

　携帯電話は，いわば私的空間の携帯・装身である。だがこの背景には，もう一点，さらにモビリゼーション，つまり移動する人間像についての考察が必要になる。私たちは，長い間，定住を基本形態として人間や社会を考えてきたが，定住以前の移動の歴史をもっている。しかし農耕社会の始まり以降は，自分の生活を支えるムラ共同体社会から勝手に移動することは困難であった。制度的に土地に縛りつけられていたと同時に，移動のインフラ装置も未成熟であった。

　この点で，20世紀の大きな3つのメディア経験である，オンライン経験・スクリーン経験・デジタル情報表現経験に，モバイル経験を加えることが重要である。列車から始まり，移動個室としての車社会の到来は，そうしたモバイル経験の浸透を意味している。家・共同体・ローカルな地域からの離脱は，まぎれもなく〈移動感覚のフォーマット〉を醸成してきた。情報メディアのモバイル化は，こうした移動経験の浸透とも共振している。情報社会は，当初描いた「テレ（遠隔）○○」社会のイメージは，移動しない社会，家庭で居ながらに

してビジネスや生活サポートが得られる社会であったが，結果は逆である。スピードと移動が求められるという逆説が起こっている。

こうした人間の移動に着目したひとりに建築家の黒川紀章がいる。人間の定義には，ホモ・サピエンス（考える人），ホモ・ファーベル（つくる人），そしてホモ・エコノミクス（合理的経済活動を営む人），ホモ・ソシオロジクス（役割を遂行する人），ホモ・ルーデンス（遊ぶ人）などが知られているが，黒川は，移動する人，ホモ・モーベンス（動民）を提唱する。黒川の定義は，単に物理的移動だけではなく，そうした移動の感性から価値観も含んだ社会全体の構成原理が，工業化社会から情報化社会への転換の主役を果たすような広い概念として定義されている。

「『動く』ということばが指しているのは……みずからの存在の目的と行為の最高価値をモビリティに求め，それによって生の存在証明を獲得しようとする人である。……みずからの個性が欲する多様な価値目的を求めて，より自由に動ける機会と手段をもつことに生きがいを見いだす。……個人の自由が最大限に認められる社会，選択の可能性のより大きな社会への移行である」（黒川『ホモ・モーベンス』14～15頁）。

興味深いのは，この著作が1969年に出版されていることである。1970年前後の初期の情報社会論は，今日の技術や情報産業開発に特化した狭い高度情報社会論に比べて，人間論や審美論にまで及ぶ広い議論が共通の特徴である。

黒川の主張でさらに興味深いのは，ホモ・モーベンスのすみかとしてのカプセルという概念を提起していることである。カプセルのヒントは，移動空間としての自動車である。

「自動車はカプセルである。まず第一に，それは過度の情報の洪水からわれわれ自身の身を守るシェルターである。情報社会においては，個人のプライバシー，自立性は，カプセルの中ではじめて実現する」（前掲書，133頁）。

「カプセルは，多様性社会を志向する。われわれは，個人の自由が最大限に認められる社会選択の可能性の大きな社会をめざす。……生活単位としてのカプセルは，個人の個性を表現し，カプセルは組織に対する個人の挑戦であり，画一化に対する個性の反逆である」（同書，152～153頁）。

これも1970年代前後の初期未来社会論の特徴であるが，多くが，個人と社会

4章 〈情報の主人公〉となれる電話メディア　87

が理性的に折り合いをつける予定調和的な世界観を共有している。実際には，個人の"万能感覚の肥大"，自己の肥大が，公共空間と折り合いをつけることが難しいという問題が生じてきている。しかしながら，社会の流動性，選択性の拡大，個人の自由や多様性の拡張という指摘は，メディアのパーソナル化を通じて現実のものとなってきた。

こうしたホモ・モーベンス論からみれば，携帯電話（黒川の本では，「自動車電話」「ポケット電話」として未来予測されている）は，自律するバラバラの個人の自由や多様性の具現化装置である。携帯メディアは，車が醸成したカプセル感覚を，より徹底的に推し進めたツールである。こう考えれば，自動車電話から携帯電話文化が始まったことは偶然ではない。物理的移動の自由が，社会的状況からの移動の自由に昇華していったのである。さらに，携帯電話は，個人をバラバラにするツールであるとともに，家族・地域・学校などの生活空間から離脱・自由・再結合を可能にしてくれる結合・関係のツールとしても作動する。

さらに興味深いのは，黒川が，カプセル化にともなう家族変容を次のように描いている点である。「カプセルは，個人を中心とする新しい家庭像の確立をめざす。夫婦を中心とする住宅単位は崩壊し，夫婦・親子といった家庭関係は，個人単位空間のドッキングの常態として表現されるようになるだろう」（同書，155頁）。

30年をへて，事態は，黒川の予想通りに進んでいるわけではない。物理的な配置と，メディア空間的配置との乖離・多元化が，ストレートな家族解体のスピードにブレーキをかけているといってもよい。ただ，私たちの家庭外の社会空間が拡がるにつれ，家庭空間がいろいろな社会結合の要ではあるが，そのひとつにすぎないものになり，家族関係がフィクション（人為的構築物・擬制物）性を強め，それゆえに演技化の傾向をも強めていっている。黒川の指摘からほぼ30年後に，速水由紀子が『家族卒業』を著し，新しい結合単位としてユニットという単位を提起したのも思いつきや偶然ではないのである。

もちろん携帯電話は，そうしたフィクション構築に一役買うことになる。家族の結合の，あるいは結合を再確認させるようなメディアとして機能する。カプセル（ユニット）としての個人空間をドッキングする装置，それが携帯電話

である。ただ，今日では，社交空間のコミュニケーション・モードが，身体的現前モードだけでなく，声・文字などの情報モードに多元化してきている側面を加えて考察していく必要がある。

● 電話することの意味の変容：気楽な用件電話の登場

さて，ポケベルから携帯電話というパーソナルな通信メディアの定着，しかも，高校生の世代文化として始まった携帯メディア文化は，コミュニケーション（通信）の仕方自体にもいろいろな工夫・作法・技巧をもたらした。さまざまな表現において，表現したい意味内容を形にする際におこなう技巧をレトリックというが，携帯コミュニケーションでおこったさまざまな工夫もいわばコミュニケーション・レトリックとでもいえる作法・技巧である。

数字に文字メッセージを仮託するメール・コミュニケーションから始まり，イタベル（いたずらベル），シカベル（かかってきたベルを無視する），ベル友，ワンコール（東海地域では「ワン切り」も広く使われている）などは，高校生を中心とする世代文化として登場して，大学生へと拡大した文化である。

携帯電話の場合，これまでの家電話・部屋電話などの固定電話とは異なるコミュニケーション作法・技巧として，用件の変質がある。松田美佐は，携帯電話の利用が「緊急の用件」から，帰宅の予定時間や買い物の内容などを問い合わせる「気楽な用件」へと変容したことを発見した。

これは，電話することへの負担，相手の社会的舞台を荒らすという電話がもっている暴力的な侵入の力への，かける側の負担が軽減されていることによる。筆者のゼミ生がおこなった同世代フィールドワーク「携帯文化調査」でも，電話をするのは「（連絡する）用事がある時」が圧倒的に多い。「遊びで使用する」「ヒマな時に使用する」は，名目上は少ない。どこまでも「用件」がメインなのである。しかし，その用件電話へのかける側の負担感は，相手の社会的舞台を荒らさない機能の登場により，いっそう軽減されるようになってきている。つまり，都合が悪ければマナーモードのスイッチオフが相互の了解となっている携帯電話の作法では，「遠慮せず」に電話できることになる。また着信番号表示機能や留守電機能，さらには伝言メモなどの手軽な機能は，そうしたかける側の心的負担を軽減していく。相手を邪魔しないやさしさ。大平健が，『や

さしさの精神病理』で抽出したのもそうした現代的なやさしさモードであった。そして，この「電話をかける側」の心的負担の軽減は，メール機能やワンコールにおいて，いっそう加速されることになる。

● ワンコール：“鳴らす”というメディア行為と「出なくてもいい」電話関係の登場

　電話はかかってきたら「出なければいけない」メディアだった。そうした儀礼と強迫感は急速に低減している。ポケベル利用における「シカベル」経験と同様に，今は，「通話する気がない」，あるいは「無理にしなくてもいいけど」というメッセージが込められたコミュニケーション・レトリックが，「ワンコール」である。「番通」「ワン切り」などとも呼ばれている。

　2000年度の大学の講義（中京大学・愛知大学・金城学院大学）で，ワンコールの意味・役割についてフリー記述する「電話分析」を試みてもらった。以下が典型的記述である。もちろん，ワンコールという携帯電話固有ともいえる使用法が，継続するとも考えられないが，ケータイ普及期，料金がまだ比較的高額である時期に，利用者の生活実践としての電話メディア行為のなかから生み出されたメディア文法である。もちろん，以下の例は，実際の使用の場面で意識していることではなく，講義時でワンコールを取り上げ，その意味をあえて当事者たちに解釈してもらった結果である。括弧内は，誕生年と性別。

・電話代の節約（1981年・男）／・合図代わりにすることもある（81年・女）／・向こうからかけ直してほしい時にする（82年・男）／・遊びの時もある。いかに相手のワンコール（10円）をとるか！（81年・男）／・朝のモーニングコールとして使用する（81年・女）／・相手に“自分は用があり電話（コンタクト）した”と知らせる（78年・女）／・迎えに来てもらう時，“着いたよ”の意味（78年・女）／・友達などに対して自分の存在を示すための意味（81年・男）／・ワンコしあうことで，「つながり」を確認し，安心するのではないか（81年・男）／・自分たちの存在の確認（81年・男）／・電話するほど用があるわけではないけど，その人に自分が「今，あなたのことを考えていたよ」ということを伝えるための役割がある（81年・女）／・つながっているよ，みたいな確認をするような感じ（82年・女）／・すぐ切れる

から相手の邪魔にならない。邪魔しないというのはひとつのやさしさかもしれない（79年・男）／・自分の存在の位置を確認するため。存在アピール（81年・男）／・自分の存在を簡単に速くアピールすることができる。例えば，「着いたらワンコールして」という感じに使う（81年・女）／・簡単な自己の存在のアピール。「いるよ，帰ったよ，わかったよ」（81年・女）／・さりげないコミュニケーションと自己主張（81年・男）／・ワン切りをされてかけ直すと，「用はないけどただかけただけ」っていうことがある。なんとなく自分は今暇だから相手をしてほしいっていうサインかもしれないと思う（81年・女）／・遠くにいる友達とよくやる。離れていると近くにいるような気がして安心する（82年・女）／・相手に話をするまではいかないが，自分のことを思い出させるくらいの役割はあると思う（81年・女）。

　こうした例からは，ワンコールの基本は，純粋な「用件伝達のサイン」でないことがわかる。と同時に，これは，ワンコールというメディア行為が，これまでの電話コミュニケーションに微妙な選択幅をもち込んでいることもわかる。用件・おしゃべり以外に，コミュニケーション・モードが拡がってきている。

　まず，かけられる側にも，「必ず出なければいけない」という意識がない。さらには，「出てはいけない」電話であることを前提にしている。ワンコールは，単なる用件，遊び（コンサマトリー）ではなく，「あなたの生活を邪魔するつもりはないわ。都合がよくなったらコンタクトしてね」といった意味であったり，深夜に「今起きているよ」だったりする。そして，それが友達同士のコンテクストでは試験勉強への励ましだったり，「私という存在がいるよ」という深夜の苦悩の訴えの意味をももつ。高校生にとっては通話料金の節約という利点もあるが，「出なくてもいい」「出てはいけない」ことを相互了解している通話というのは，メディア・コミュニケーション史上注目に値する。メールのもっている利点が移行してきたともいえよう。

　ワンコールには，「相手の都合への気遣い」と同時に「自分に対しても気遣わせる自己防御」も込められている。そこには，負荷感の高い〈声〉のコミュニケーションはもちろんのこと，メールほど重要でもない，そんなモードの軽重のスケール化と使い分けが，日常的実践としてできあがっているようにもみえる。

学生の記述でもっとも多いのが「自分のアピール」である。それは，用件サインを送るというアピールの場合もあるが，暗黙のうちに自分との関係の確認を試みているように読みとれる。つまり，ワンコールの意味内容は，メールにおける文字・文章に意味があるのではなく，その「コミュニケーション行為をすること自体に意味がある」という面がある。そう考えれば，ベルやケータイ・メールの場合にも，メッセージの意味内容による相互理解といった次元を超えて，メールし合うこと自体に意味がある側面も強い。"メールを入れる用もないけれども，相手と関わっていたい"という分析をしている学生がいるが，言い方を換えれば，メール以下のメールといえよう。〈声〉のコミュニケーションとメールに，さらに，ワンコールという「〈音〉コールのコミュニケーション」というグレーな意味合いのモードが加わったわけであるから，コミュニケーション・モードの選択肢の拡がり，つまり〈コミュニケーション・モードの多元化〉として位置づけたい。

そしてメール交換やワンコールに共通するのは，"すること"自体や，即時に返すことの"まめ"さが意味をもつというコミュニケーション・スタンスの変化である。

● 「番号通知」と「選択的コミットメント（関わり方）」

ワンコールによる相手と自分に"やさしい（負荷感の少ない）"コミュニケーション，否，コミュニケーション行為自体が意味をもつことを確認するだけのコミュニケーション。こうしたメディア・コミュニケーション・モードの拡がりを考える上で参考になるのは，「包括的コミットメント」と「選択的コミットメント」という考え方である。浅野智彦は，現代の親しさの関係（親密性）が，家族・夫婦・恋人のような深い，相手をまるごと包括する関係，つまり〈包括的コミットメント〉から，「参入・離脱が比較的容易な関係」，「離脱の自由が保証された関係」へと変化してきていることに着目して〈選択的コミットメント〉と名付けている（浅野「親密性の新しい形へ」『みんなぼっちの世界』1999）。ただ，浅野の「選択的コミットメント」は，「情報縁」や「選択縁」という考え方に近い。次章で取り扱うように，パソコン通信やインターネットでは，知らない他者との出会い（偶発的接合）から，「情報縁」というコンセプ

トが生まれた。上野千鶴子は「選択縁」という言葉で都市型社会のつながりを表現した。また，匿名の他者とのメル友・コミュニケーションなら，「情報縁」「選択縁」のコンセプトですむ。パソコン通信，インターネット，電話風俗（ダイヤルQ^2もテレクラも），そしてケータイも，そうした面では，コミュニケーション系の風俗であることにおいてなんらかわらない（違いは，社会的イメージや期待値の違いである！）。

松田・岡田らは，移動体通信メディアの研究のなかで，携帯端末に表示される着信番号を見てから相手との交信を決めるメディア行為を「番通選択」と名付けている。「従来の地縁・血縁・社縁に代わる『選択縁』の存在は，かねてから指摘されてきたが，加算式の『ベル友』的関係性から加算乗除式の『番通』的関係性への変遷は，移動体メディアの革新と表裏一体となった『選択縁』の成熟プロセスを示唆している」（松田ほか「移動体メディアの普及と変容」『東京大学社会情報研究所紀要』第56号）。また松田は，「番通」というメディア行為と浅野の選択的コミットメント概念を結びつけながら「選択的人間関係」への変化に着目している。

先述した講義時のフリー記述による「電話分析」でも，同様の分析が返ってくる。

「番号通知は，今まで受ける側は一方的でしかなかったが，受ける側にも"受ける"か"受けない"かの選択ができるようになった。例えば，イタズラ電話に"非通知拒否"の機能を用い悩まされなくなった」（78年・女）。

また，「非通知の場合には，自分の番号通知を非通知にしてから電話し直す」という回答もよせられた。イタズラ電話による被害や匿名コミュニケーションによる手痛い経験をへて，こうした通話に関する防御が進んでいるといえる。これは，ひとつのメディア・コミュニケーションに関わるリテラシーの蓄積である。

● 自己都合型コミットメント

ただ，ワンコールは，既存の友人関係のなかで使用される実践であるから，「情報縁」「選択縁」とは若干ニュアンスが異なっている。声・メール・音コールは，形態としては〈コミュニケーション・モードの多元化〉であるが，その

多元モードの選択が，通話に対する軽重の判断によって，あるいは状況に応じて選択的に選ばれている。「選択縁」というよりも，声・文字・音コール，さらに対面というコミュニケーション・モードに対して，「どういう時に，どういうメディアを用いるか」という選択ができるようになってきている。つまり「モード選択のリテラシー」が蓄積されてきているのである。

視点を変えれば，携帯電話によって，「自分にとって都合のいい」"相手"や"モード"が選択できるようになったのである。

・着信があっても今取りたくない時や相手だったら，後でかけ直そうと思ってシカトする時がある……（81年・女）／・番号通知は出たくない人からかかってきたら出なければよい（81年・女）／・自分の都合でコミュニケーションが制限できるということでもあるし，排他的であるともいえる（81年・男）／・相手が何をしてようと，自分が『電話をしたい！』とか『メールを送りたい！』と思えばいつでもできてしまう（82年・女）。／・本当に自分中心のコミュニケーションで，いやなことはさけるという側面があると思う（80年・女）。

こうした他者に対する関与の仕方からは，一見通話がコミュニケーションという形態をとっていながら，その背後にかなりモノローグ的な構図があることがわかる。こうした自分の都合に応じてコントロール感をもって臨むコミュニケーション（のようなもの）を「自己都合型コミットメント」「自己都合型コミュニケーション」と名付けておこう。パーソナル・メディア行為が可能にする「自己都合型コミットメント」は，個人の情報発信のリテラシーの増大の現れでもある。情報社会とは，「情報の主人公」たちが繰り広げる「自己都合型コミュニケーション」の風俗絵巻が偏在化（蔓延化）する社会である。

● **電話論の最後に：電話メディアを考える6つの焦点**

電話のメディア文化について，さまざまな視点から論じてきた。私たちの電話メディア行為は，日常的に密着度が高い側面，新しい使い方がないかぎり，注目されることの少ないメディアである。ポケベルの登場。そしてメル友ブーム。携帯電話の登場と番通やワンコール。あとは，電話風俗などを焦点にした時に，"当たり前のメディア"が若干ドラマチックなメディアとして映るくら

いである。繰り返し述べてきたように，インターネット社会，ネット社会は話題になるが，電話社会が脚光を浴びることは少なかった。ただ，今後，携帯電話のハイブリット化（インターネットと映像コミュニケーション），家電話のハイブリット化が進むなかでこれまでとは違った注目のされ方をすることになると思われる。最後に，電話というメディアや私たちの電話メディア行為を考えていく上での6つの焦点を整理しておきたい。

① 電話メディアの歴史からみえてくる電話メディア文化
② 近年の電話メディアの変容（1985年以降）からみえてくる電話メディア文化
③ 携帯電話の普及からみえてくるメディア文化
④ 声のメディアという視点からみえてくる電話メディア文化
⑤ 電話風俗空間からみえてくる電話メディア文化
⑥ 有線放送電話空間からみえてくる電話メディア文化

電話というメディア行為は，単なる通話を超えて，しかも，「用件電話」から「おしゃべりへ電話」へという二分法的な視点だけでは理解しがたい多様性（使用形態・サービスの多様化）・多元性（メディア・モードの多元化）を抱えだしている。

話すというメディア行為，書くというメディア行為，鳴らすというメディア行為，（画像・映像電話なら）映す・撮るというメディア行為のもつ特徴は何だろうか。私たちは，それぞれのメディア行為のもつ特性が，それが使われる社会的文脈と融合しながらメディア文化研究の主題となりつづけることを意識しておく必要があろう。

参考・参照文献

浅野智彦「親密性の新しい形へ」富田英典・藤村正之（編）『みんなぼっちの世界』恒星社厚生閣　1999
上野千鶴子『「女縁」が世の中を変える』日本経済新聞社　1988
上野千鶴子（編）『色と欲――現代の世相』小学館　1996
大平　健『やさしさの精神病理』岩波書店　1995
岡田朋之・富田英典・松田美佐「移動メディアの受容と変容」黒崎政男（監）『情報の空間学』NTT出版　1999

樫村政則（編著）『「伝言ダイヤル」の魔力』JICC 出版　1989
加藤晴明「都市的ドラマトゥルギーとしての電話風俗」中京大学社会学部加藤晴明ゼミナール『メディア文化研究報告書第2号　電話コミュニケーション――若者はなぜ電話をするのか』中京大学社会学部加藤晴明研究室　1998
黒川紀章『ホモ・モーベンス』中央公論社　1969
富田英典ほか『ポケベル・ケータイ主義！』ジャストシステム　1997
速水由紀子『家族卒業』紀伊屋書店　1999
藤本憲一『ポケベル少女革命』エトレ　1997
松田美佐「移動電話利用のケース・スタディ」『東京大学社会情報研究所調査研究紀要』第7号　1996
松田美佐「若者の友人関係と携帯電話利用」『社会情報研究』No.4，2000
松田美佐ほか「移動体メディアの普及と変容」『東京大学社会情報研究所紀要』第56号　1998
宮台真司『まぼろしの郊外』朝日新聞社　1997
ワイヤレス生活研究チーム『Wireless Wave――ワイヤレス生活者調査報告書』NTT アド　2000

— coffee break —

■ 若者コミュニケーションの行方 ■

　今年メディア・フレンドをテーマにゼミの学生らと調査研究をしていて最も驚かされたのは，「ワン切り」という携帯電話の利用法であった。1回だけ相手のケータイを鳴らして切るのである。高校生などの場合，電話代の節約の意味もある。「都合がよかったらメールちょうだい」「電話して」などの暗黙のメッセージが込められているらしい。相手の生活に割り込まない配慮，それは同時に自分の生活に割り込まない配慮を求める"やさしい"コミュニケーションの現れともいえる。

　また，ある女性の学生の経験談では，一晩に20数回もワンコールをしてきた友人がいたそうである。そんなワンコールからは，送った側の深夜のせつない思いが伝わってくる。こうなると，「起きているよ」という意味よりも，「"私"いま，生きている」。そんなギリギリの存在証明のような気えしてくる。もちろん，多くのワンコール（東海地方では，ワン切りも使われる）は，こんな重い意味があるわけではない。

　電話を受けた側も，出てはいけないという作法があり，出てしまったら，「あっゴメン，出ちゃって」となるらしい。

　こうしたワンコールをみていて考えさせられるのは，やはり，若者のメディアの使い方やコミュニケーションの作法には，仕事モードを基準に考える大人文化とは違った，遊戯的ではあるが真摯な欲望から生み出される発明が満ちているということだ。

　ただ，若者のメディア接触が特別の関心をもって論じられたのは，今日に限ったことではなく，例えば大正時代の青年論では，文学に没頭する青年がオタク的であると指弾されていた。このように若者論は，いつの時代も繰り返し論じられてきてはいるが，その議論の構図というのはそう複雑なものではない。単純化すれば，若者論の系譜は，「元気な若者像＝大衆消費社会の新しい文化スタイルの担い手」という"ポジティブイメージ"と，「病理的な若者像＝大衆消費社会に抑圧され翻弄される，受動的で，自分勝手で，健全でない患者たち」という"ネガティブイメージ"との両極を揺れ動いてきたと言ってもよい。

　両者を，類型的に整理すれば，ポジティブイメージの若者像が強調してきたのは，
　（1）　高感度人間（流行や外見的スタイルの変化に敏感）
　（2）　メディア人間（情報メディアと共生することを快感と思う）
　（3）　社交人間（仲間内で他者の顔色を上手に見分けて同調しえる能力）
　（4）　自己実現重視人間（生活を楽しんだり，生き甲斐を発見する術に長けている）
という点である。

彼らは，かつてのように政治を論じるわけではないが，ボランティア活動に参加するなどの自己実現の路を探ることには積極的である。そして高感度人間らしく，その舞台は，身近な日の当たらない現場ではなく，メディアが取り扱うスペクタクル性の高い被災地や海外でなければならない。彼らは，情報メディアを生活の一部として環境化するメディア・リテラシー（リテラシーとはもともとは，読み書き能力を表す言葉。今日では，コンピュータ・リテラシーという言葉がよく使われる），一言でいえばメディアへの"ノリ"の感覚を身につけているという点で「メディア人間」である。

これに対して，ネガティブイメージの若者像が強調するのは，
(1) 孤立する若者（友達がいない）
(2) 自己中心化する若者（ナルシシズムが肥大している）
(3) 集団化する若者（群れたがる）
(4) 表層化する若者（リアル感が希薄化している）
の4点である。

そして，こうした特性との関係で語られる，「ひとりの世界に閉じこもり対人コミュニケーションが苦手になる若者」（コミュニケーション不全論），「ゲーム感覚・ゲーム的イメージで現実世界をみる若者」（情報内容模写論），「ゲームの世界と現実世界を取り違える若者」（現実感の希薄化と仮想と現実の取り違え論）なども，ステレオタイプ化された若者像である。

こうした若者論の最大の欠陥は，高見に立つ成熟した大人や研究者が，若者文化を裁断するというスタンスから論じているため，若者自身がもっている若者像や，彼らの実感との間のズレをうまく説明できないことである。

夏にひとつ興味深い経験をした。30人ほどの学生たちと，若者論の本を読み合う合宿をおこなったのである。テキストのタイトルは『みんなぼっち』(1999)。籠もりつつ，群れる，表層的なつき合いをする若者たちを「みんなぼっち」という言葉で表現した最新の若者論である。ネーミングもよくできているので，彼ら自身が納得し興味を持つだろうと期待してみたら，みごとに裏切られてしまったのである。本を読みつつ行った討議では，話はいつも「ホントウの自分とは何か」「本当の私はある」という方向にいく。そしてネガティブイメージの若者論に対して強い反発が出てきたのである。

「表層化」や「希薄化」仮説が，ストレートには若者に納得されない一方で，比較的共感を呼んだのは，〈演技〉や〈選択的コミットメント〉という視点である。人間をそもそも社会的場面に合わせて〈演技〉する存在として捉えたのは社会学者のE. ゴッフマンであるが，彼の「役割演技」や「自己呈示」という発想は，今日の若者には素直に受け入れられる。初めてゴッフマンの理論に接すると，"肩の荷が降りた"と感じる学生もいる。自分の生活の場面が，多面的になっていくなかで，彼らが自ずと状況に合わせ

て自己を創るというコミュニケーション・スキルを蓄積していることがこうした共感に繋がっているようである。ただ，このコミュニケーション・スキルは，女性の方がうんと高い。

　さらに，現代の親しさ（社会学的には「親密性」という）の関係が，家族・夫婦・恋人のような深い，相手をまるごと包括する関係，つまり〈包括的コミットメント〉から「参入・離脱が比較的容易な関係」「離脱の自由が保証された関係」へと変化してきているというのが〈選択的コミットメント〉という考え方である。

　希薄化仮説とは違って，〈選択的コミットメント〉論は，パーソナル・メディアの生活内化という具体的なモノの変化を背景にしている面で，若者自身にも納得されやすい特性である。電話コールに際して，発信者の通知番号を確認してから出るか出ないかを選択している若者も多い。もし知らない相手なら，いったん切って，自分の番号通知をオフにしてから，コールする者もいる。ケータイは，コミュニケーションに対して自在に選択的になれるメディアである。このように，〈選択的コミットメント〉は，プリクラ交換，ポケベル，ケータイなどの〈パーソナル・メディア経験〉の拡張によって具体的に実感されることが彼らの首肯に繋がっているようだ。

　〈選択的コミットメント〉は，言い方を変えれば，コミュニケーションに対するリセットの可能性を保持すること，自分がとことん主人公になれる感覚が拡張することを意味する。これは「情報の主人公性」感覚の到来といってもよいが，この感覚は，若者文化だけではなくこれからのメディア社会を見ていく際にも，かなり有効なキーワードである。そして，1990年代のポケベル，プリクラからパソコンに至るパーソナルなメディア経験は，それらが表現メディア，自己編集装置，自己演技装置であることを広く実感させてくれた。その表現，呈示活動の主人公は，"情報の主人公であるワタシ"なのである。

　さらに，パーソナル・メディアは，もうひとつ大きな体験をもたらした。それは，ベル・ケータイ文化が，対面モードに，声・文字を使った電子メディア・モードを加えたことである。つまり仲間内のコミュニケーション空間が，電子メディア空間にまで拡がったのである。昼間に会っておしゃべりをし，同じ相手と，夜には電話とメールで，少し違うモードでコミュニケーションする。もちろん，対面した時には，メールの話はしない。メディアは，ここでは関係を強化するベクトルをもっている。ポケベルやケータイのコミュニケーションは，仲間内で，このメディアの文法（モード）を使いわけつつ，多重に利用することで成立している。もちろん対面の大切さを忘れたわけではない。しかし，対面が絶対だとも考えない。そんな"一見"奇妙なコミュニケーションの多重化が進行してきたわけである。

　表現メディア経験と電子コミュニケーション経験は，もうひとつの衝撃的な経験と結

びついてきた。それは，家庭・学校・地域を離脱して「匿名の社交空間」に出入り自由になったことである。つまり「匿名空間」に〈選択的コミットメント〉することが可能になってしまったことである。1990年代の若者論の教祖ともいえる宮台真司は，こうした空間を「第四空間」と名付ける。もちろん，そうした知らない人と"偶然"に出会い親密になるという経験は，都市の盛り場のなかでは，すでに成立していた経験である。そうした関係形成が，パーソナルな自己編集メディアを通じて極めて容易に，世代を超えて，どこにでも，何人とも成立してしまう。ベル友（ポケベルによるメッセージ交換友達），メル友（ケータイやインターネットでのメール友達）は，そうした新しい関係に与えられた名称である。若者に文字コミュニケーションの魅力をたずねると異口同音に，「メールだと，会って言えないことが言える」という答えが返ってくる。彼らが，楽しみつつ，おしゃべり風の文字モードの力をしっかりと戦略的に利用していることに驚く。

もちろん，メディア空間での匿名の出会い経験は，電話風俗やパソコン通信時代から始まっている。ただ，パソコン通信やインターネットは，当初は20代後半以降の（しかもエンジニア系の）大人のコミュニケーション・メディアとして成立してきている。これに反して，モバイル文化であるベル・ケータイ・コミュニケーションは，高校生・大学生によって担われてきた。携帯コミュニケーション・メディアを，財布と同様に"装身具化"し，身体化・生活内化したのは，若者のメール・コミュニケーション文化だったのである。

安易なマイナスイメージの若者論や，ポジティブ礼賛論は願い下げだが，プリクラ・使い捨てカメラなども含めた表現メディア経験や，第四空間での偶然の出会い経験への参与と離脱自由の感覚が，若者によって切り開かれてきたことには注目しておく必要があろう。最近学校でのコンピュータ・リテラシー教育が期待されている。しかし，一番重要なことは，声・文字などのメディアが固有にもっている独特の力を使い分けれるリテラシーである。そして，対面世界や制度的な世界とは異なる，もうひとつの表現（プレゼンテーション）空間や出会い空間を，必要に応じて動員してコミュニケーション・ネットワークを広げていく能力，そうした多元的な空間を切り替えていく"ノリ"＝身体のメディア・リテラシー感覚とでも呼べるようなものが社会的に蓄積されようとしてきている。もちろん，個人差はある。しかし，世代として蓄積されてきたこうした新しいメディア・コミュニケーション・リテラシーは，ますます第四空間での偶発的な出会いを加速するだろう。近代家族などの制度的社会をそのままに，第四空間で，「情報の主人公」としてもうひとつの自分の生きる物語をいつでも編集できてしまう。そんな文化装置を内包させたスリリングな社会が来てしまっていると言ったら大げさだろうか。乗り遅れるのは誰か？

※初出　中部電力の情報誌『交流』第51号「特集：若者」(2000年2月発行)を若干修正した。

5章　コンピュータ・コミュニケーションのメディア文化

　20世紀第3四半期を特徴づけるもっとも画期的なメディア経験は，コンピュータに媒介されたコミュニケーションの登場にあるといってもよいだろう。CMC（コンピュータ・メディエイテッド・コミュニケーション）として総称されるパソコン通信やインターネットへの社会的期待や礼賛の"語り"は，その多さにおいて他の"ニュー"なメディアを圧倒している。マスコミがもつ一方向的な情報流の構造を超えて双方向的な情報流，つまり個人個人誰もが情報発信できる情報社会の"夢"を，もっともわかりやすい形で実現してくれたCMCというメディア経験の登場は，それほどに衝撃的だったのである。

　そして，1995年以降のインターネットの急速な普及・定着のなかで，CMCは日常的な景観となった。CMCの空間内で，社会的に意義のある実践から社会問題を引きおこす実践まで，何が実践されているかについても大きな見解の差はなくなってきた。しかしCMC空間に対する説明フレームや解釈をめぐっては，まだ多様な"読み替え"の余地が残されている。

　新しいメディアの登場の画期性や新奇性をことさら強調するのは，企業やマスコミの"業界"だけではなく，学会・研究者の"語り"のような狭い言語空間も例外ではない。個々の研究者の"個人的"期待は，それぞれ解釈図式に反映し"客観的な"事実となって語られる。そしてパソコン通信やインターネットの場合，その期待値や思い入れが強いからこそ，多様な解釈図式が生まれてしまう。本章では，CMCをめぐるこれまでの期待や説明図式の整理を通じて，本書の主題である〈パーソナル・メディア経験〉の視点から浮かび上がってくる〈自己都合型〉〈自己物語〉をキーワードにしたもうひとつの解釈の可能性を提起する。

1節　文字コミュニケーションの衝撃とそのメディア特性

● 1985年パソコン通信元年／1995年インターネット元年

　日本におけるパソコン通信元年は1985年，インターネット元年は1995年である。1985年は，3章で指摘したように電話にとっても画期的な変化の年であった。そして，日本とアメリカでは若干の時間差があるが，少しマクロにみればテレ・コミュニケーションの新形態としてのCMCの定着は，世界的に同時代的な展開である。本書では，パソコン通信・インターネットを，共通のCMCメディア文化として理解しているので，80年代はネットの確立期，90年代は成長期として位置づけている。2000年代は，携帯電話，家電話との融合のなかで情報家電との融合サービスが進み，卓上に鎮座するパーソナル"コンピュータ"の記号性が排除されていく時期を想定している。これは，パソコンが進んだライフスタイルや進んだ遊びという記号性を喪失し，情報メディアが日常生活ツールとして定着してきたことを意味している。

● パソコン通信の衝撃

　パソコンを使ってワープロ文字を送り出し，それを共有するという技術は，BBS（Bullitin Bord System＝電子掲示板），メール，チャット，メーリングリストというコミュニケーションの形態を生み出した。それは文章表現（ワードプロセッシング）とオンライン通信（テレ・コミュニケーション）との結合が生み出した衝撃的なメディア経験のはじまりであった。
　社会や人間関係における，私たち人類の有史以来の"前提"は，対面配置，つまり対面的共在（togetherness）や現前（copresence）という状態である。社会学のリアリティ観も基本的には，こうした身体がフィジカルに対面配置される場面での相互行為関係を疑うことなき"与件"としていた。そして，対面配置とは異なる，メディア空間内行為の"固有性"や対面的行為との"連続性・断絶性"をことさら意識しないできた。
　だがCMCの登場により，私たちは"現前しないもうひとつの社会空間"を経験してしまったのである。もちろんテレ・コミュニケーション（遠隔地通信）

であるだけなら"電話"で経験している。ところが，文字をやりとりし，しかもそれがホスト局に蓄積され，アクセスする利用者が共有することができるという装置を手に入れたことで独特の生き物のような「情報空間」が形成されてしまった。さらには電子掲示板という装置を手に入れたことで，私たちは，メディアのなかで見知らぬ他者と出会い，メッセージを交換し，共有したり，あるいはメール・フレンドのような親密な〈メディア・パートナー〉をいくらでも獲得できるようになってしまった。

CMC やサイバースペースという仰々しい言い方の実態は，ワープロ文通信，電子テキスト通信であり，その文字メッセージがつくり出した巨大な文字空間として始まった。だが，たかが文字のこの特性は，私たちのコミュニケーションの形を一気に多様化し，選択肢を拡大してしまった。

(1) 時間・空間に制約されないコミュニケーション：つまり，いつでも好きな時にコミュニケーションするという，〈非同時性の時間差コミュニケーション〉が可能になった。そこでは，通信が可能なら，好きな時に，好きな場所からアクセスできるのである。有線であれ，ワイヤレスであれ，時間・空間に関係なくアクセス可能である環境のみが重要となる。もちろん，チャットのようにあえて疑似同時性を生かした形でのコミュニケーションも可能となった。

(2) 双方向・多方向のコミュニケーション：電子メールのような〈1対1〉のコミュニケーションから，他者に見られることだけを期待した情報提供的な〈1対多〉コミュニケーション，そして利用者相互が語り合うという〈多対多〉のコミュニケーションまで，双方向・多方向のコミュニケーションが可能になった。

(3) 表現・参加・共有型のコミュニケーション：パソコン通信からインターネットにいたる CMC 空間のコミュニケーションの特徴は，利用者自身による発信（情報空間への参加）が可能である点にある。それが"他者に見られる"ことを一応前提としているという意味で"共有型"である。個人が，さほど大きな資源・装置を動員することなく，多くの他者に向けて，相手の意向に関係なく，原理的には"無制限"に言語的な表現活動ができるという装置は，メディア史上だけではなく，人類のコミュニケーション

史上も画期的な出来事である。

パソコン通信が生み出した文化は、掲示板、フォーラム、チャットのように、あるテーマ・関心をもとに人びとが自由にメッセージを交換し合う電子社交場が続々と誕生したことである。基本的に、マナーによって

表5-1　CMCの基本特性
- ●CMCのハード特性
  基本通信形態＝電子テキスト通信／非同時的通信
  特性　①瞬時に送ることができる
  　　　②蓄積・保存される
  　　　③デジタル情報として再利用できる
- ●CMCの基本コミュニケーション特性
  (1)時間・空間に制約されないコミュニケーション
  (2)双方向・多方向コミュニケーション
  (3)表現・参加・共有型コミュニケーション

参加が取り消されることがあっても、資格によって最初の参加資格が制限されることがない自由な社会空間である。パソコン通信では、草の根のBBS（パソコン通信ホスト局）のなかの掲示板、そして、ニフティサーブのような商用PCネットのなかに設置された掲示板などが主な舞台となった。そうした掲示板は、今日も残っているが、インターネット時代になって、会員だけが利用できる「ホスト局」というシステムの意味が消失していくなかで、いろいろなホームページに設けられた掲示板は、会員登録の必要のない小さなBBSのネットワークのような景観を呈している。"通りすがり"つまり"ストリート"的な様相が強くなってきた点は異なるが、「掲示板文化」自体は、パソコン通信からインターネットにいたるまで連続している。CMCで私たちのやるメディア行為は、以前とそう変わらないのである。それは、成長したり成熟したり発展したりする性質のものではなく、次々に新規参入者が現れては同じことを変わらずに繰り返していくような世界である。

● 中間型の社会的世界とネットワーク・コミュニティの衝撃

　CMC空間のなかの社会は、パーソナルなコミュニケーションとマス・コミュニケーションの中間で、両方の特性を兼ね備えた"中間型"の社会的世界である。誰もが参加・撤退を自由にでき、誰もが発信できる、そしてコミュニケーションの積み重ねを通じて一種のコミュニティ感覚が蓄積されていく世界が登場してしまった。それは、誰かがコントロールしたり、誰かが意図的にやらせたりする社会的世界ではなく、それ自体のメカニズムで継続・伸縮していくような自己維持性を備えている。

　こうした中間型の社会的世界は、1章で述べたように、その社会関係形成の

プロセスが不断に起こりつづける点と，自由なグループ形成に着目して「ネットワーク」や「ネットワーキング」という言葉で表されてきた。CMCにこれからの未来社会の姿を見いだし，パソコン通信黎明期においてはとりわけCMCの可能性について多くのことが語られた。CMCが切り開く社会は「ネットワーク社会」，CMCを基盤にした新しい地域社会は「ネットワーク・コミュニティ」と名付けられた。「ネットワーク・コミュニティ」という発想は，パソコン通信黎明期に日本各地で開かれたパソコン通信普及のための啓発運動（「ネットワーキング・フォーラム」）とその際の電子会議の最大の議題でもあった。1987年の大分での「ネットワークキング・フォーラム」の際の電子会議「ネットワーク・コミュニティ」では，新しい「地域主義」「地域主義を超えた地域コミュニティ」が強く主張された。議事録のなかには，「開放的であると同時に流動的な存在」「等身大の生活世界には必ずしもこだわらない伸縮自在，変幻自在の柔軟性」「地域に根を下ろしながら，しかも同時に，地域の限界を突破できるだけの豊かな潜在力をもったネットワーク・コミュニティの構築」といった語りが繰り返されていた。ネットワーク社会という，人と人の結びつきや社会の組織原理に関わる一般概念と，CMCとは別ものだが，しかし，それらが極めて相性のよい，親和的な関係をもつものとして描かれ期待されたところに，CMCの生い立ちの幸福があるといえる。電話風俗との決定的な違いが興味深い。

　「ネットワーキング・フォーラム」や公文俊平のように高い社会の理想像を掲げることはしないが，池田謙一もまたこの中間集団の意義を強調している。「かつて日本における『中間集団』の脆弱性が指摘されてきたが，電子ネットワーキングはそうした『中間集団』をサポートするメディアでもある。『電子会議室』や『フォーラム』『パティオ』『ホームパーティ』『メーリングリスト』と呼ばれるような機能が，それである。これらは，既存の集団内のコミュニケーションに頻繁に用いられるとともに，新しい対人的な『縁』（情報縁）の発展をも生み出している。電子会議室などに典型的にみられるように，興味や関心，あるいはセンスが合う，ウマがあう，という他者を見いだすのに，もはや物理的な空間の制約は解き放たれた」（『ネットワーキング・コミュニティ』7頁）。

関心・話題を結節点とした中間的な社会的世界は,「関心のコミュニティ」(M. ウェッバー) や「話題のコミュニティ」(加藤晴明「社会と情報Ⅱ」『《情報》の社会学』第4章) でもある。少し極端にいえば，CMC 空間は，目的的コミュニケーションではなく，話題が続くこと自体に意味があるような"語りのコミュニティ"空間である。

ただ，最近の興味深い変化は，今日定着しつつある「ネット」という語彙が，以上のような特別な意味での「ネットワーク」や「ネットワーキング」とはまったく別の次元で，ケータイと同じ若者文化としてのカタカナ言葉のノリの次元で，社会に定着しつつある点である。研究者や CMC の普及啓発運動家たちの期待と，大衆的な文化消費との間にはズレが生じている。

2節　CMC をめぐるいつも変わらない不思議な魅力

● 変わらない魅力の景観と憂鬱な景観

CMC には実に不思議な魅力がある。CMC が，他のメディアと極めて異なっているのは，他のメディアに比べて極めて期待値が高い好イメージのメディアであり，また利用者自身がメディア事業者となり，自ら"すばらしさ"を語ってきた内発的な発展型のメディアであった点である。そこでまずはじめに，この幸運なメディアともいえる CMC の黎明期から今日にいたるまでの変わらないメディアの魅力特性を整理しておこう。

(1)　道具としての便利さ：あるホスト局を中心とする会員の範囲でしか利用できなかったパソコン通信に比べて，インターネットになってたしかに便利になった。しかし「便利さ」の遺伝子 DNA とでもいえる基本型はパソコン通信時代にすでに形成されている。

(2)　初心者を惹きつけてやまない魅力：初心者の多くはメディア内での出会いや語り合いに感動してしまう。対面的な世界や，通話というメディア・コミュニケーションしか知らなかった人びとにとって，メディア内にもうひとつの"心あたたまる"世界と"心の襞を交感"する世界があることは，最初にこのメディアを体験した人びとを虜にしてきた。

(3)　人を伝道師にさせる魅力：パソコン通信時代から，このメディアの不思

議さは，使用実践している人自身が，まだ利用していない人に"そのすばらしさ"を伝道したくなる魅力があることだ。すばらしいメディア経験を人に語ってしまいたがるものらしい。

(4) 変わらないおしゃべり内容：掲示板文化というのは，進化したり，発展したりするものではないようだ。「はじめまして」「こんにちは」「いらっしゃい」そんな挨拶に始まり，趣味をめぐる一見たわいない，でも本人にとっては真剣でもある"おしゃべり"。繰り返される四方山話や季節の話題。そして，大きな社会的出来事があれば，どの掲示板でも話題となる点。真剣な語り合いや心あたたまる励まし，そして言葉のケンカ，さりげない自慢情報，他者のメッセージへのほめ言葉，そして軽いノリに顔マーク。掲示板には，意見を真剣に討議する場というよりも，その場に参加していること自体，おしゃべり・メッセージの掲載が続くこと自体の喜びが見いだせる。掲示板は，問題解決メディアではなく，問題提起型メディアといわれることがあるが，何年たっても同じようなメッセージのやりとりの繰り返しが続くという景観もまた基本的な特性である。

(5) 変わらないオフライン好き：オフラインは，たまたま生じるイベントではない。オフライン会合は，オンラインとワンセットのような関係にあるようだ。オフ会をめぐる盛り上がりは，掲示板の定番話題である。その意味でも，オンとオフの関係は，〈環流的・往還的関係〉，相互補完的な関係としてワンセットとして理解したほうがよいと考えられる。

(6) 変わらない期待値言説：電話風俗やケータイ文化とは異なり，パソコンを利用したCMCこそが"オーセンティック（正しい）"なメディア・コミュニケーションであると思わせるほど高い期待値は続いている。

(7) 変わらない評価や位置づけのあいまいさ：マスメディアの情報流構造を変える期待の星であるCMCも，本当に匿名性があるのか，コミュニティはあるのか，社会を変えていくような力はあるのかなどの焦点をめぐっては，出発点から今日まで"あいまい"な議論が繰り返し続いている。

(8) 変わらないマスメディアによる描かれ方：CMCを，例えば電子デモクラシーの実現や解放のメディアとしてのすばらしさを描くマスコミの描き方も変わらなければ，犯罪が起こるたびに，"ネットの闇"という語り口

もCMC登場以来あまり変わっていない。人間的なふれあいを減少させる，虚構やうその世界とみなす理解も依然として続いている。
(9) 変わらない用語のあいまいさ：CMCの登場は，多様な用語群を生み出してきた。コンピュータ・コミュニケーション，メディア・コミュニケーション，電子コミュニケーション，電子空間，コンピュータ・ネットワーキング，仮想，ヴァーチャル，サイバースペース等々である。そして，さらに厄介なことは「オーディエンス」概念に変わるCMC利用者を表現する概念がほとんど定まっていないことである。

● **変化しつつあるメディア社会の文脈・環境**

パソコン通信からインターネットへと舞台が変容していく過程で，CMCは，理系研究者を中心とした特権的な同業者コミュニティから，商業ベースで運営される接続業者を媒介として，一般市民が利用する普通のメディア空間へと変容していった。この点では，1995年はインターネットの最初の大衆化の波の年であった。

この大衆化の波は，ポケベル・ケータイ世代がインターネット利用へと参入する，あるいは，そうしたモバイルメディアのままインターネットに参入することによって大きく変わりつつある。大衆化は，パソコン好きや比較的大人中心のメディア空間から，携帯電話の低料金化と並行した低年齢化という世代の拡がり，そして，女性利用者の急増という男女格差の縮小（それでも格差はあるが）へと向かい出しつつある。また，ポケベルによるメル友体験，あるいは，中高生に流行った電話風俗体験は，匿名の他者との出会いの経験の社会的蓄積を生み出してきた。インターネットで，他者と出会うことは，とんでもなく"すばらしいこと"でもなく，また"気味悪いこと"でもない。CMCメディアは，そうした便利な装置であるという〈感覚のフォーマット〉の社会的醸成（リテラシーの蓄積）の浸透を意味している。

① ベル・ケータイ文化の侵入
② 電話風俗経験を媒介として知らない他者との出会い経験の蓄積
③ パッケージ系パーソナル・メディア経験の定着

このように，パソコン好きの大人のメディア遊び，メディア行為だったパソ

コン通信・インターネットは，新しい経験をふまえた世代の参入のなかで，より大衆化・一般化の度合いを強めつつあるといえよう。この点では，CMCの景観は変わってきている。

● CMCの魅力要素

さて，パソコン通信からインターネットへのメディア・コミュニケーション文化自体の連続性を強調したが，そうした連続性を支えているのは，利用者自身が語りつづけているCMCの魅力に関する共通の語りのフレームである。典型的な代表例は，「発信欲求の魅力（掲示板からホームページづくりまで）」「オフライン会合の楽しさ」「情報収集ツールや受発注ツールとしての便利さ」などである。しかも，データが蓄積しているというだけではなく，知りたい事柄を掲示板に載せると，誰か（情報ボランティア）が答えてくれるというように，メッセージとメッセージが響き合う（エコー構造・最近はコラボレーションの語を使うこともある）構造をもっている。引用したインタビュー例は，パソコン通信の初期（1990年）に私たちが，日本を代表する地域パソコン通信ホスト局であるCOARAの中心的メンバーからのものである。CMC初期の言説からは，逆に，現在もこうした魅力語りがまったく変わらずに語られつづけていることが再確認できる。

① コンタクトの魅力：「ネット世界に（あるいはホスト局）につながった時に感動した」……孤立して存在していたパソコンに外部から情報が流れ，あたかも生き物であるかのように情報がうごめいている感覚は，CMCを利用する人びとを虜にしてきた。

② 関与される魅力——他者からの反応の魅力：「最初に書き込みに反応（レスポンス）があった時に感動した」……私的利用の時間帯からみれば，基本的に夜間のメディアであるCMCは，深夜，孤立してパソコンに向かう自分を"かまってくれる"誰かがいるというだけで嬉しいメディアとなってきた。「最初，自分の自己紹介を入れた時に本当にちょっこっとお願いしますという文だったんですが，たくさんの方からレスポンスを付けて頂いたから，それも……楽しいレスポンスをたくさん付けて頂いたから，気楽に遊べるんだなって思ったんですよ」（女性・学生）。

③　出会う魅力——第四者との出会い：「自分の日常の職場や家庭・学校とは異なる世界の人と出会えて楽しい」……CMCの魅力語りの"定番中の定番"である。人は，自分と家庭・地域・学校・職場などでの制度的利害や親密さをもつ他者（第二者）以外に，親しい第三者としての〈メディア・フレンド（第四者）〉をもちたがるようだ。〈メディア・フレンド〉とは何かについては6章で述べる。「とにかく，あの職場以外に，これだけおもしろい人間がいるっていうのがね，素敵なことだと思うんですよね。これ，COARAやってないと絶対知り合えなかったおもしろい人間が，ま，世のなかにはごろごろいるっていうのがね」（男性・既婚）。

④　出会う魅力——対面的な出会い：「オフ会での出会いが楽しい」……CMC空間は，それだけで孤立して存在する空間としては消費・使用されていない。オン・オフ一体として楽しまれている。「オフラインやらないってことが考えられないですよね。オフラインをするためにCOARAをしてるっていうような感じで。COARAするためにオフラインするっていう感じで。相乗的にありますから」（男性・既婚）。

⑤　主人公感覚をもてる魅力：「自分たちがネット（や掲示板）を盛り上げているという感じがある」……CMCは，マスコミと違い，マイ・メディア，ウィ・メディアである。メッセージが書き込まれなければCMC空間は成り立たない。逆にみれば，「自分たちが盛り上げている」という「当事者意識」（主人公感覚）に支えられている。そして，自分が普段かよっている掲示板は，ホームグラウンドであるし，少し大げさな言い方をすれば懐かしい故郷の香りがするものである。現在のインターネット世界では，社会的出来事やテレビドラマなどの"有名性"のまわりに衛星のようにマイ・ホームページが"勝手"にできあがって，つながりが連鎖してきている。情報の主人公としてのネット内の舞台が，メールなどの反響力や選挙権の行使などを通じて，制度的世界までをも動かしてしまう逆転現象が起きてもいる。この点では，CMCというネット空間は社会システムを動かす力をもち出している。ただ，こうしたネット社会の原点は，「主人公感覚」「当事者としての参画意識」を駆り立てるマイ掲示板の魅力である。「みんなこう，無鉄砲みたいにみえるような人でも，その，慎重にね，なんと

かこの会議を盛り上げようみたいなところがみえてね，おもしろかったりするんです」（男性・既婚）。

⑥　孤独から脱却する気分になれる魅力：「外の世界とつながっている安心感がある」……携帯電話の魅力にもいえることだが，CMCのような夜のメディア・ひとり性のメディアの場合には，とりわけ，「外部とつながっている」「ひとりじゃない」ということが安心感となる。それは，②や③の魅力語りとも重なり合ってくる。

⑦　自分の言葉を表現できる魅力：すでに，発信・参加・共有型のコミュニケーションがCMCの特性である点を指摘した。池田らは，こうした参加する情報環境が整ったことについて次のように整理している。「バーチャル・スペース上の電子会議室には参加可能な誰もが発言の機会をもつ，メッセージの共有資源（ホームパーティやフォーラムという場）への読者の参入が実現しているのである。つまり『発信者』の革命が発生し，その結果として『参加する情報環境』が誕生している」（池田『ネットワーキング・コミュニティ』38頁）。「単にダベリング（おしゃべり）の場がバーチャル化し情報縁が生み出されたということだけのことではない。発信の独占・寡占が崩壊したということを意味する。……（電話とパソコンという最小限のもので）……バーチャル・スペースという情報環境を参加者自身が創り出しているのである」（前掲書，39頁）。

⑧　コミュニケーション自体を享受する魅力：CMCには，何かを伝えるメッセージをやりとりするCMC空間に浸ること自体を欲望するような，遊戯的・自足的・享受的・コンサマトリーな文化特性がある。CMCには，「電子メディアの記号世界のなかに身を沈めておしゃべりを楽しむメディア」の側面があり，こうした「たわいないおしゃべり」は電話空間からCMC空間まで共通している。

一方で，この"たわいなさ"や"戯れ感"を意識してしまうと，醒めてしまう利用者も出てくるのは当然である。"ノリの感覚"というメディア固有の感覚の裏側にある"サメの感覚"や"離脱感"もまたメディア固有の特性として注目しておきたい。「ある時期が過ぎるとね，なんか，やっぱり，馬鹿馬鹿しくなっちゃうところもあるんですよね。要するにそのごっこの世界っていうの

がね。最初のうちはいいけども，そのうちなんか，ちょっと異常な世界かなとかね，思いはじめて。ふと気がつくと，なんか馬鹿馬鹿しいことやっているような」（男性・既婚）。

以上のような魅力に加えて，⑨〈対面からの解放される魅力〉，⑩〈制度的関係から解放される魅力〉があるが，これらについては後述する。

3節　CMCという解放のメディア

● CMCの画期性をめぐる語り：さまざまな"解放"が語られる

CMCは，さまざまな〈制約からの解放〉のメディアとして期待されてきたが，その期待の語りは利用する個々人の「表現」と「（社会）関係形成」という2つのフレームから整理することができる。「制約」というのは，さまざまな格差や不都合さという意味である。「ハンディキャップ」と言い換えてもよい。そして，「表現と関係形成に関わる制約（ハンディキャップ）からの解放」は，それと表裏一体の関係にある「新しい社会関係の可能性」に期待する言説に結びついていく。

〈制約からの解放〉の語りは，以下のようにⅠからⅦまでのタイプにおよび多様性と拡がりをもっている。

〈制約からの解放言説Ⅰ＝距離（空間移動）・時間（同期性）からの解放論〉
〈制約からの解放言説Ⅱ＝ハンディキャップ・パーソンの社会参加可能論〉
〈制約からの解放言説Ⅲ＝地域からの情報発信論〉
〈制約からの解放言説Ⅳ＝マスメディアを介在させない個人の情報発信可能論〉
〈制約からの解放言説Ⅴ＝身体的現前（プレゼンス）と外見からの解放論〉
〈制約からの解放言説Ⅵ＝制度的自己からの解放論や匿名的状況の確保論〉
〈制約からの解放言説Ⅶ＝掲示板（一般的他者）による直接的他者からの解放論〉

そして，こうした〈制約からの解放〉は，同時により積極的にメディアのなかに社会関係の契機を可能にしていることに焦点を当てることで，新しい関係形成，社会形成の可能性の語りと結びついている。

〈関係形成の可能性言説Ⅰ＝機縁論・異質な人との出会い論〉
〈関係形成の可能性言説Ⅱ＝居場所論・癒し論〉
〈関係形成の可能性言説Ⅲ＝ネットワーキングの可能論〉
〈関係形成の可能性言説Ⅳの1＝政治的公共圏の可能論〉
〈関係形成の可能性言説Ⅳの2＝マスコミとの共振可能論〉

そしてまた，〈制約からの解放〉は，①社会的コミュニケーションの拡張＝〈社会関係の外的拡張〉に関わる言説と，②外見・制度に規制されている自己からの拡張＝〈自己の内的拡張〉に関わる言説に分けることもできる。前者には〈制約からの解放言説〉のⅠからⅣが相当し，後者には〈制約からの解放〉言説のⅤ，Ⅵ，Ⅶが相当している。

● 〈社会関係の外的拡張〉に関する語り

〈社会関係の外的拡張〉に関わって，解放言説のⅠからⅣのみを簡単に説明しておこう。

〈制約からの解放言説Ⅰ＝距離（空間移動）・時間（同期性）からの解放論〉

CMCという社会的世界の獲得によって，私たちは空間移動を不要にする意味での距離からの解放，情報の蓄積機能による同期的なコミュニティからの解放がもたらされた。すでに電話が，電信以来の社会的夢であったリアルタイム・コミュニケーション（いつでも）やユニバーサル・コミュニケーション（どこでも）を実現させている。これに加えてCMCは，その情報蓄積機能によって時間差コミュニケーションや情報共有型のコミュニケーションを可能にしてきた。既存のコミュニケーション説明モデルは，基本的に人びとが現前(presence)し共在(copresence)する空間を前提としてきたのであるから，共在という制約からの解放が大きな衝撃を与え過剰な解放論を生み落としてきたのも当然である。ⅡからⅣの解放の語りもそうした流れのなかで生まれている。

〈制約からの解放言説Ⅱ＝ハンディキャップ・パーソンの社会参加可能論〉

パーソナルな表現メディア・発信メディアが，身体的な移動や有声的な言語表現という面でハンディキャップを抱える人びとの社会参加の装置として利用される可能性に関する語りである。CMCに限らず，ワードプロセッシング装置のパーソナル化が，そうした人びとの表象表現装置として利用されることへ

の期待や評価も同様の語りである。例えば,「脳性マヒ」少女とパソコン通信との出会いを描いた竹田美由希『ing……見えない頂上に向かって』や,コンピュータで日記を綴ることで自閉症と闘う少年の物語（B.ゼリーン『もう闇のなかにはいたくない』）などは,言語セラピーとしての自己表現とコミュニケーションの可能性を示す物語の典型例であろう。これからもこうした"美しい語り"は,繰り返し発見・紹介されることになろう。

〈制約からの解放言説Ⅲ＝地域からの情報発信論〉

"地域"という言葉は,無批判的でかつ評価的に使われる便利な言葉である。この「地域」という性善説的な言葉と,「情報化」という性善説的な言葉とが融合したものが「地域情報化」である。そしてCMCこそが低コストでそれを可能にする。地域に根ざしながら東京・世界に発信・交流を試みる大分県のCOARAをめぐる言説などがその典型であろう。また,富山県婦負郡山田村のような過疎の村のインターネット利用などが注目されるのも同類である（H.ラインゴールド『バーチャル・コミュニティ』,尾野徹『電子の国「COARA」』）。こうした大分の実験や山田村の実験は,その実態や個々の利用者の即時的な満足よりも,むしろそれを正しい情報化像としていく語りそれ自体によってオーセンティック（正しい）なものとなっている。CMCを利用する人は,地域情報化をめざして利用しているわけではない。逆にいえば,そこに社会的に崇高な目的を掲げたCMC事業一般の矛盾が隠されているともいえる。

〈制約からの解放言説Ⅳ＝マスメディアを介在させない個人の情報発信可能論〉

政府,企業・マスメディアに対する市民の情報発進力に期待する言説ということになる。「情報の流通が個々人の手にも委ねられ,個々人が情報に対して主体的にかかわることができる時代なのである」（牧野二郎『市民力としてのインターネット』243頁）などはその典型例である。パソコン通信の黎明期から,社会的な主体に関わる規範概念である「市民」像とCMCとが結びつく語りは続いている。それは,大衆社会を経験した20世紀という社会が仮託した社会的想像力でもある。パーソナル・メディアの時代のなかで,この期待や語りの流れは,繰り返し続いていくように思われる。

● もうひとつの解放論：自己の内的拡張

〈制約からの解放言説Ⅴ＝身体的現前（プレゼンス）と外見からの解放論〉

　CMC経験が投げかけたもっとも大きなショックは，私たちに「リアリティとは何か」ということを考えさせてくれたことにある。CMC空間は，私たちのこれまでのリアリティ観がかなり素朴なものであったことを教えてくれた。すでに指摘したが，これまでの私たちのリアリティ観は，素朴な「現前」状況，つまり可視的な配置を前提にしていた。そのため，CMCが可能にした，現前しないことの解放的な意義は，十分に語られてはいない。注意しなければならない点は，現前（プレゼンス）しないことは，不在（アブサンス）や虚構を意味しているのではない。たしかに，CMCは，対面のように五感や六感を動員できるほどマルチ融合モードではない。これまでのところ，文字（ヴィジュアル要素や声でも同様だが）というワン・モードであるが，〈制限メディア〉なりの実定性をともなっている。

　そして，逆に対面ではなく，〈制限メディア＝文字モード〉だけであるがゆえに，「戦略的な自己呈示」がいっそう可能となるのである。CMCは，文字による「自己構築装置」なのである。もちろん，通常のCMC空間では，まったく異なる自己となりつづけるのは難しい。しかし，自覚的か否かにかかわらず，対面的な配置での「印象操作」よりも，いっそう意図的・企図的な操作は可能である。1行の一見さりげないメッセージを書くのに1日を費やすこともできるのである。こうした点からも，CMCには，対面からの解放感と自己コントロール感がともなう。

　そして普段私たちは，可視的な対面配置こそが"本物"と信じる"対面神話"を素朴に信じて生活している。しかし，こうした外見・視線重視の文化のなかの権力的な視線配置の深化を考えれば，対面配置にこそ，先入観というバイアスで他者を審査するという"原罪"が隠されているのである。そこには電話の3章でも指摘した〈顔という牢獄〉が存在している。これに対して，CMCという対面配置から解放されたコミュニケーションの配置は，身体に近い"電話"以上に，私たちを先入観・呪縛・強迫感から解放してくれる。CMCは，対面配置こそがリアルであり"真の"コミュニケーションが可能であると考える日常的なリアル観のなかに潜む"神話"の虚構性を暴いてしまった。

5章 コンピュータ・コミュニケーションのメディア文化

　現前(プレゼンス)からの解放は,"視線や視覚が他の諸感覚を圧倒し抑圧していく"モダーンな社会の感覚フォーマットの変容の宿命でもある。その意味でも,対面配置からの解放は,逆に「ヴィジュアリティ＝指示対象性を喪失した単なる外見」というあたかもモノ化されてしまった存在からの解放の側面をもっている。もちろん〈文字〉というより単純なモノへの偏愛(フェティシズム)と引き代えにではあるが。

　さらに厄介な点は,〈制限メディア〉による関係配置は,同時に身体が現前することによって可能になる「視線同一(アイコンタクト)」のもつ伝播力がそがれるという"パラドックス(矛盾)"をも生み出すことである。テレビ会議がうまくいかない要因のひとつが,この「視線同一」の欠損にあるといわれるが,同様のことはCMCにもいえる。CMC空間でしばしばみられる,フレーミング(論争)や誹謗・中傷は,そうした〈制限メディア〉が構造的に抱えている解放感の裏側の文化である。

　メール機能をもつ以前の電話が,〈声〉という〈制限メディア〉による自己構築装置であるように,CMCもまた文字を中心とした〈制限メディア〉による自己構築装置である。そして同時性による緊張とノリをともなう電話コミュニケーション以上に,CMCは,現実構成のプロセスが時間から解放され,プロセス自体への操作性が高くなる。この点では,CMCは,対面・電話以上に,極めてフィクション性(フィクションは,虚構という意味ではなく,「構築」的という意味で理解する必要がある)の高いメディアであり現実仮構性の高いメディアといえる。

　それゆえに,CMCでは,対面配置＝オフライン時の落差は他のメディア以上に高くなる。これはマイナス特性というよりも,すでに述べたように対面配置の世界がいかに"外見"という"うそ"(つまり,面＝メンという記号性)の次元に左右されているか証明しているようなものである。

　自己イメージの選択的構築を可能にしたり,自己イメージの多ヴァージョン化を可能にするというCMCのメディア特性は,いわば〈自己の内的拡張〉ということである。この〈自己の内的拡張〉による解放性は〈社会関係の外的拡張〉に比べて,見過ごされがちであるどころか,「顔が見えない」ことは,パソコン通信をめぐる初期の言説以来,基本的にはマイナス特性として理解され

てきている。私たちが文化として共有・沈殿させている対面神話は根深いのである。

● **制度的自己からの解放・匿名性という解放**
〈制約からの解放言説Ⅵ＝制度的自己からの解放論や匿名的状況の確保論〉

　パソコン通信時代から、ほとんどの利用者が、「見知らぬ他者、異質な他者との出会い」をもっとも重要な魅力として語ってきた。それは、制度的な関係外の他者であることが多い。CMCには、たしかに、制度的関係にありながら、文字モードによって別の交感が可能となる側面もある。家族間でのメール交換などで、親子、夫婦、兄弟間で、これまでと違った別様な他者を発見し、"意外な"新しい親密な関係の構築が経験されたりもする。ただ、これらも、基本的には、制度的な関係の背後にある別モードという意味では匿名ではないが〈制度的自己からの解放〉という点では、「見知らぬ他者との出会い」と共通性をもっている。

　〈身体的現前からの解放〉と、この〈制度的自己からの解放〉という2つの解放がCMCの解放のなかでも、もっとも重要な要素である。

　ただ〈制度的自己からの解放〉論は、必ずしもCMCに固有の特性を言い当てているわけではない。CMCの主要メリットとして挙げられつづけてきている情報縁＝機縁＝偶発的な相互接続性（コネクティビティ）は、CMCに固有のものではなく都市社会学の語りのなかで継続的に取り扱われてきている。

　電話の3章1節で紹介したC.フィッシャーは、社会的ネットワークを強調し、都市においては接触可能な人口量が大きくなるので、生態学的な制約が縮減され、社会的ネットワークが多様化することを発見してきた。かつて素朴な大衆社会論は、都市を生活様式が画一化する舞台として描いたが、フィッシャーは、実証研究を通じて、「都市を文化的異質性の増幅装置」として捉えている。彼は、都市では、"選択的な関係"が登場する解放的なコミュニティの空間であるとする（コミュニティ解放論）。こうした都市社会学の議論は、CMCが論じてきた、機縁・情報縁・ネットワーキングという発想と同型である。

　彼は、近隣コミュニティが限定された課題に特化していく一方、「社会的ネットワークの選択制」が増大し、同類結合が促進され、さらに地域を超えた友

人ネットワークや親族ネットワークの存在が重要なものとなり、交通・通信手段のテクノロジーの発達が、地域を超えた「親密な関係」を形成させていくと考えている。これなどは、CMCが発見してきた、ネットワーク・コミュニティのアイデアそのものである。間人間的な社会（impersonal society）として都市を理解するフィシャーの視点からすれば、CMC空間こそ、まさしく都市空間ということになる。

そして、フィシャーらの都市ネットワーク論からすれば、メディア空間の固有性を表象しがちな「匿名性」や「異質な他者との出会い」という特性が、都市社会学の経験研究のなかですでに発見されてきた事柄であって、メディア空間固有のものではないということになる（それらはCMCのもっとも重要な基本特性であることに変わりはないが）。

● 他者からの解放と〈自己物語〉という解釈フレーム

〈制約からの解放言説Ⅶ＝掲示板（一般的他者）による直接的他者からの解放論〉

掲示板でのメッセージのやりとりを、環境としての「スクリーン」とイメージしたり、一種のメッセージの捨て場所としてイメージし、掲示というメディア行為のもつ〈メッセージ投射性〉に焦点を当てれば、そこからはコミュニティよりも、モノローグ的な語りの解釈モデル、いわば〈観客を前にした舞台でのひとり芝居〉のような解釈フレームが得られる（加藤晴明「CMC空間と自己物語」）。そういう解釈フレームからすれば、直接的な対面配置とならないCMC空間での他者は、場合によっては殴りかかってくることもあるような物質性をともなった"生身の相手"というよりも、一種の"自己都合"のためのアイテムや環境のような存在と化してしまう。

掲示板でのメッセージのやりとりを、コミュニケーションやコミュニティ形成とみるかどうかの問題は後述のコミュニティ論争の項で紹介するが、本書は、電話の章で論じたようにパーソナル・メディア経験がもたらす〈自己都合型コミットメント〉のフレームからみえてくる現象に注目してきた。他者とのコミュニケーションというよりも、自分にとっての都合のよい他者が求められ、その意味で自己の準拠枠としての他者が縮小し、〈情報の主人公〉である自分の"わがままさ"が制限なく拡張してしまうようなコミュニケーションの登場が

掲示板文化である。

　こうしたCMCというスクリーンと対峙するメディア文化では，一見コミュニケーションしているようでいて実は「いったい誰とコミュニケーション」しているのかさえも定かではない側面がある。そこには，①自足的ともいえる現前の〈スクリーンとの対流関係〉と，②スクリーンを突き抜けていくような重層性がある。この〈スクリーンとの対流関係〉が生み出したのは，自己とのコミュニケーション感覚というフォーマットである。そして自己コミュニケーションつまり「自己対流型のコミュニケーション」は，いわば自分で自分の物語を紡ぐようなものである。つまりCMCは，自己の都合・自己の操作によって自己の人生の物語の再編集・リライト・代替を容易にしてくれるような感覚を肥大化させる。言い換えれば，CMCは「自分自身に向かって語る物語」と「対人的・社会的コミュニケーションの過程で他者に向かって語る物語」との一致が，発信者の側で「一方的・流出的・自足的・戦略的に架構される空間」である（だからこそ，対面時における落差は大きいことになる！）。

　自己物語のリライトのためのメッセージ表出という自己編集作業は，他者・観客（オーディエンス）を想定している。それは，あたかも他者というメタファー（例え）のようなものである。他者メタファーは，自己物語構築のアイテムのようなものである。表出・表現は，他者の反応・承認（レスポンス）を想定したり確認しながら，その意味では外見上はコミュニケーションの様相をとりながら自己物語を編集する。CMCとは，そんな"自己に都合のよい"生きる空間である。CMCが自己物語のリライトやリスタートの場（いわば"人生の敗者復活戦"の場）であるという解釈にたてば，メディアを〈メディア・ドラマトゥルギー〉というフレームで解釈するという本書の試みは，そのままCMC空間にも当てはまることになる。

　さて，このようにみると，解放言説のなかで，CMC空間固有のものというのは，前述した〈制約からの解放言説Ⅵ＝制度的自己からの解放論や匿名的状況の確保論〉ではなく，〈制約からの解放言説Ⅴ＝身体的現前と外見からの解放〉と〈制約からの解放言説Ⅶ＝掲示板による直接的他者からの解放〉ということになる。

● CMC 空間の固有性：4 つの空間間関係(くうかんかんかんけい)

　CMC 空間は，①対面配置でない，つまり私たちが文字や情報だけで接する制限メディア空間である。そのことによって，②日常世界とは異なる振る舞い方が可能であると錯覚して，独特ともいえるような行為が起こってしまう空間でもある。CMC 空間の新しさは，単に便利な空間ということだけでなしに，この 2 つの特性が"奇妙な"解放感をつくり出してきたことにある。

①　非対面世界論・テレ・プレゼンス（telepresence）世界論
②　異世界論・別世界論・他界論（アナザーランド）論

　CMC 空間をめぐる位置づけは，この両者の"奇妙な"融合の上で展開されている。そして，利用者自身にもそう思わせてしまう点もまた CMC というメディアの特性である。CMC は，単に時間・距離から解放するだけではなく，日常的，対面的コミュニケーションがもつ，さまざまな"重し"から私たちを解放する"かろやかなメディア"である。こうした，CMC のもつ"かろやかさ"は，やはり，①と②が重なる領域のなかで，日常的秩序＝リアリティから解放されるということである。

　CMC 空間の固有性にとってもっとも重要な特性は，身体的現前，つまり共在的関係からの解放ということである。そこでは，非共在による共在・対面的「拘束」「呪縛」からの解放が可能になる。そしてまた，都市空間と共通した特性である制度的自己からの解放も大きな解放であった。この 2 つの解放軸をクロスさせることで，CMC が可能にした空間が明確になる。

　図 5-1「4 つの空間間関係」で示すように，制約からの解放のⅤ（横軸）と制約からの解放のⅥ（縦軸）が重なり合う部分が，「非現前・非共在」関係と，制度的自己から解放された「匿名性・偶発的関係」の交差する世界である。これを，盛り場・都心などでの対面的な配置がありながら，通りすがる人たちが見ず知らずであるような「非制度的空間Ⅰ」と区別して「非制度的空間Ⅱ」と名付けた。「非制度的空間Ⅱ」の世界，対面と制度的な関係の重さの両方から解放されて，これまで述べてきた新しいのびのびとした社会関係を増殖していく傾向がある。それはさまざまな社会的出来事に参画していくような市民活動の側面ももっているが，他方では，社会的に意義ある活動という物差しでは

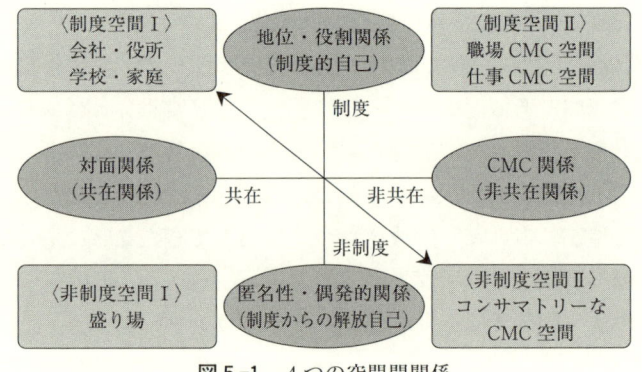

```
                    地位・役割関係
⟨制度空間Ⅰ⟩      （制度的自己）       ⟨制度空間Ⅱ⟩
会社・役所                            職場CMC空間
学校・家庭                            仕事CMC空間
                       │制度
                       │
  対面関係           ─┼─          CMC関係
 （共在関係）    共在     非共在    （非共在関係）
                       │
                   非制度│
                        ↘
⟨非制度空間Ⅰ⟩   匿名性・偶発的関係    ⟨非制度空間Ⅱ⟩
  盛り場       （制度からの解放自己）  コンサマトリーな
                                      CMC空間
```

図 5-1　4つの空間間関係

評価しきれない極私的な欲望の発露や充足の側面をもっている。それが当事者たちにとっていかに真剣な自己投企の営みであっても，ある種の「コンサマトリー」で私的語りの側面を備えている世界である。そして，どちらかの振る舞い方に向かうのかは，メディア自身にはそれを決定する力はなく，要は，CMC利用者の使い方の次元に左右される。ただ，CMCの目に見えないということ・不可視であるという特性が，歴史的に繰り返し"闇""暗黒""魔界"というイメージを紡ぎ出しつづけてきた。それは，私たちのメディア行為のフォーマットにも影響している。つまり，「非制度的空間Ⅱ」には，社会的な制御・縛りを超えて，私たちのメディア行為を，"メディア内だから許される"という幻想を付与することで，社会的に逸脱した行為を誘発させようとする〈"野生"＝惑乱への誘惑〉が含まれている。これは，メディア自身の特性や力といってもよい。「非制度・非現前」世界ということは，そうした社会参画と惑乱誘惑との両方へと拡散する力学を構造として兼ね備えている，極めて緊張を孕んだ危うい両義的（パラドキシカル）な世界なのである。

　制度的世界の審判軸からすれば，逸脱や虚偽といわれることが，CMC空間では"多発"する。たしかに，それは社会制度に抵触する時には，犯罪となる。しかし，視点を変えれば，CMCは近代社会のスケールには収まりきらない，そうした社会秩序に馴致（飼い慣らされること）されない空間としての魅力，つまり「メディアの誘惑」があるからこそ人びとを惹きつけてやまないのである。そうしたCMCの"惑乱的魅力"には，極端な逸脱的行為というだけでは

なく，CMC空間というメディア空間のなかで，他者の隠された一面・普段と違うモードの意外な発見があるというささやかな事例までも含まれる。そして，そうした非日常化・非秩序化・非制度化の力が作動することで「非制度空間Ⅱ」を形づくるCMCは，逆に日常現実世界の"本当"を相対化する力をもっているともいえるのである。

「非制度空間Ⅱ」は，日常世界としての「制度空間Ⅰ」あるいは「制度空間Ⅱ」世界の一見確固たるリアリティの前提を掘り崩し，暗黙裡の約束性・擬制性・構築性・"うそ性"を，後ろ側から照らし出してしまう。CMC経験は，私たちに「日常空間とCMC空間の2つの世界は，"フィクション"という共約数をもった連続的な世界である」と語ってしまった。パンドラの箱は開けられたのである。

● **もうひとつの主題としてのコミュニティ論争／コンテクスト論争**

CMC空間と日常生活空間との関係をめぐる争点を，森岡正博は「二世界問題」と名付けた。日常生活空間は，私たちが普段"現実"だと思っている世界である。そこには〈対面（共在）・日常・秩序〉という3つの要素がひとつになった素朴で強固な現実観や〈感覚のフォーマット〉が存在している。こうした素朴なリアリティ観は，〈対面・日常・秩序の三位一体のリアリティ観〉といってもよい。CMC空間は，この素朴なリアリティ観を揺るがす大事件であった。CMC空間が，虚構という意味での仮想・ヴァーチャルという言葉で語られ，非在（アブサンス）の空間としてイメージされたのもそのためである。

CMC空間の特性をめぐっては，(a)コミュニティ的（共同的・コミュニケーション的）な空間として捉えるか否か，(b)日常空間とは根本的に異なる"別"空間として理解するか否かで，空間を理解するフレームが異なる。

①まずはじめに登場したのが，非コミュニティで非コンテクスト（社会的連続的な文脈がない）な"別"空間というフレームである（非コンテクスト・アプローチ）。②次がコミュニティはあるが，"別"空間を強調するフレーム（アナザーコミュニティ・アプローチ）。ここでは異界論や自己の分裂論が強調される。③そしてコミュニティはあり，かつ"別"空間ではなく，日常生活空間と連続的であると捉えるフレーム（リアルコミュニティ・アプローチ）である。

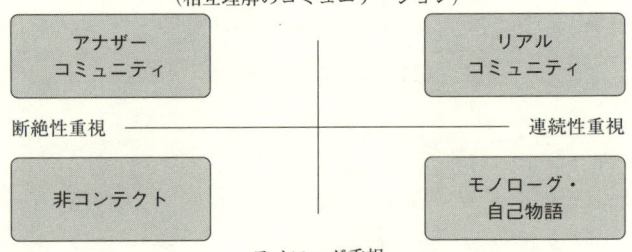

```
                    コミュニティ重視
                  （範型としてのコミュニティ）
                  （相互理解のコミュニケーション）

      ┌──────────┐                    ┌──────────┐
      │  アナザー  │                    │  リアル    │
      │コミュニティ│                    │コミュニティ│
      └──────────┘                    └──────────┘
  断絶性重視 ─────────────┼───────────── 連続性重視
      ┌──────────┐                    ┌──────────┐
      │          │                    │ モノローグ・│
      │ 非コンテクト│                    │  自己物語  │
      └──────────┘                    └──────────┘

                    モノローグ重視
                  （非コミュニティ・非コミュニケーション）
                  （自己表出のコミュニケーション）
```

日常生活との連続性か否か，コミュニティ発見に焦点をおくか否かに応じて，四元図式が可能となる。

図5-2 コミュニティ論争をめぐるCMC言説の認知地図

インターネットが日常生活に溶け込んできている現在では，③は大きな説得力をもつ解釈フレームである。

　これらに対して，本書は，一見，リアルコミュニティであるようにみえるCMC空間のなかに，これまでも指摘してきたように，パーソナル・メディアによって〈自己の拡張〉が進むという立場から，④コミュニティやコミュニケーションとみえる光景の背後にある自己語りフレームを強調してきた。最近の電話利用のなかから発見される〈自己物語〉や〈自己都合型コミットメント〉の文化は，CMC空間において，文字・ヴィジュアルな形で花開く。CMCは，いわば，自己表出，自己語り，自己出版文化といった〈私的エクリチュール（文字化すること）〉的なメディア行為である。これは，美しいネット・コミュニティ論が忘れ去ってきた解釈フレームでもある。

● **ネットの力と境界～補完し合う二世界の空間～**

　CMC空間つまりネット空間は，虚構の世界ではない。遊戯的であるが同時に，真摯な相互関与が成立してもいる。人間が織りなす社会的世界という意味では，対面配置の世界との連続性をともなっている。むしろ対面配置から解放されるぶん，"正直"に対峙することで，私たちは癒されもする。しかし，同時に，文字というメディアの織りなす世界は，対面配置よりも，はるかに操作

性・編集性の高い世界でもある。筆者の講義を聴いていたひとりの学生から，ネット空間の可能性とその境界を考えさせられる1通のメールを受け取った。それは〈自己物語のリライト〉の場，〈メディア・ドラマトゥルギー〉の場としてのCMCの典型例であり，そしてどんな理論よりも，ネットの可能性や臨界を端的に語ってくれているメールだった。

　CMC空間論は，これまでともすればCMC空間の"固有性"だけを強調してきた。このメールが物語るのは，CMC空間と対面空間とが相互補完的に作動する回路の存在である。本書が，一方でオフライン文化に止目してきたのもそのためである。人類史が，長い間対面配置を前提に成立してきた以上，今のところ，2つの空間間関係は，ワンセットとして理解する必要があろう。こうした空間間の関係学，二世界の回路学としてのメディア・リテラシー学もまたCMCをめぐる忘れられた主題のひとつである。

　「高校の頃，ネットにはまっていてずっとその世界に入り込んで居ました。
　私は，高校を2年で中退しているんですけど，学校を辞めようかどうしようか悩んでいた頃同じ悩みをもっていた人が何人か居て，その人たちと遊びにいったり，相談事をしたり……。
　学校という狭い世界の中しか知らなかったのが，ネットの世界を知ってかなり変わりましたね。3年前今よりもネット年齢が高かったこともあって年上の人との付き合いも多くなりましたし。
　普通に暮らしていたんじゃ知り合えないような人とかともお話できて，世の中にはこんなに楽しい人も居たんだなぁ……とかよく思っていました。
　今でもその頃の友達とは仲良くしています。きっとネットが無かったら私は今中京には居なかったと思います。仲の良い子が2人居て，みんなで高校やめたんですよ同じ時期に。今は私は大学生でもう1人が専門学校へ行っててもう1人は来年受験。
　ほとんど，ネットからはみんな離れてしまいましたけど。はまりすぎると良くないものですからね。生活のリズムとか崩れるし。みんなの逃げ場となって居たんだと思います。そこから卒業，というカタチで」(2000年5月：中京大学社会学部1年，片平眞依子：本人の承諾を得て掲載)。

参考・参照文献
　会津　泉『パソコンネットワーク革命』日本経済新聞社　1986
　赤木昭夫『インターネット社会論』岩波書店　1996
　池田謙一（編）『ネットワーキング・コミュニティ』東京大学出版会　1997

今田高俊（編）『ハイパー・リアリティの世界』有斐閣　1994
大澤真幸『電子メディア論』新曜社　1995
尾野　徹『電子の国「COARA」』エーアイ出版　1994
加藤晴明「パソコン通信のメディア特性」『中京大学社会学部紀要』第6巻第1号　1991
加藤晴明「パソコン通信をめぐる検証課題」『中京大学社会学部紀要』第7巻第2号　1993
加藤晴明「情報とコンピュータ——電子計算機から電子メディア文化へ」北川隆吉（監）『社会学（下）』文化書房博文社　1996
加藤晴明「メディア文化と情報接触」橋本和孝・大澤善信（編著）『現代社会文化論』東信堂　1997
加藤晴明「情報的現実としての地域」『社会と情報(2)』東信堂　1997
加藤晴明「CMC空間と自己物語」『中京大学社会学部紀要』第14巻第1号　1999
加藤晴明「メディア空間と社会情報学の主題」『中京大学社会学部紀要』第15巻第1号　2000
川上善郎ほか著『電子ネットワーキングの社会心理』誠信書房　1993
公文俊平（編著）『ネティズンの時代』NTT出版　1996
公文俊平『ネットワーク社会』中央公論社　1988
「特集：インターネット——メディア・コミュニティ」『現代思想』第24巻第4号　青土社　1996
小林修一・加藤晴明『《情報》の社会学』福村出版　1994
S. Jones（Ed.）*Cybersociety.* SAGE, 1995
C.ストール　倉骨　彰（訳）『インターネットはからっぽの洞窟』草思社　1997（原書1995）
「特集ネット社会」『世界』第677号（2000年7月号）岩波書店　2000
B.ゼリーン　平野卿子（訳）『もう闇のなかにはいたくない』草思社　1999（原書1993）
S.タークル　日暮雅通（訳）『接続された心』早川書房　1998（原書1995）
竹田美由希『ing…見えない頂上に向かって』はりまタウンネット出版委員会　1990
成田康昭『メディア空間文化論』有信堂　1997
西垣　通『聖なるヴァーチャル・リアリティ』岩波書店　1995
NIFTYネットワークコミュニティ研究会『電縁交響主義』NTT出版　1997
M.ハウベン & R.ハウベン　井上博樹ほか（訳）『ネティズン』　中央公論社　1997（原書1997）
J.C.ハーツ　大森　望・柳下毅一郎（訳）『インターネット中毒者の告白』草思社　1996（原書1996）
別冊宝島編集部『おかしいネット社会（別冊宝島428）』宝島社　1999
M.ポスター　室井　尚・吉岡　洋（訳）『情報様式論』岩波書店　1991（原書1990）
Poster, M. *The Second Media Age.* Polity Press, 1995

牧野二郎『市民力としてのインターネット』岩波書店　1998

松浦さと子（編）『そして干潟は残った』リベルタ出版　1999

Meyrowitz, J. *No Sence of Place.* Oxford UP, 1985

森岡正博『意識通信』筑摩書房　1993

山崎正和・西垣　通（編）『文化としての IT 革命』晶文社　2000

K.ヤング　小田嶋由美子（訳）『インターネット中毒』毎日新聞社　1998（原書1998）

吉田　純『インターネット空間の社会学』世界思想社　2000

吉原健一郎『落書というメディア』教育出版　1999

H.ラインゴールド　会津　泉（訳）『バーチャル・コミュニティ』三田出版会　1995（原書1993）

6章　Eメールの文化社会学～メール空間と「二世界問題」～

1節　メール・フレンドという美しい物語

● **メールというメディア行為：忘れられた研究主題**

　CMCをめぐっては，コミュニティがあるかないか，可能かどうかという議論が多い。また，情報縁が拡張し，グローバルな人間たちが形成されてくる。このような健全で，進化論的な社会イメージが続いている。すでに触れたように，これは，CMC重視の社会論が当然のように1960年代末期や70年代初期の未来社会論からの流れを引きずっているからである。そうしたなかで，あまり正面から語られないできた文化が，「メール交換」文化である。

　私たちにパソコン通信やインターネットをしたい，その魅力をかき立たせるのに一役かったのは，「○○のようなメール交換がしたい」と思わせた数々のドラマや映画である。そして，今日ではインターネットや携帯電話での「出会いサイト」が隆盛を極めている。電話風俗からインターネットへ，そして，ケータイへとメディア風俗の舞台はチャンネル幅を拡げつつある。そして，ますます，出会いコストの低減化・簡便化，世代層の拡がり，男女利用者数格差の縮小が進みつつあるようだ。人はなぜ，かもくメールに魅了され，そして，1対1の出会いを求めるのか？

　メール交換，メール・フレンドは，それ自体，「現代社会における公共圏の構築の可能性」といった"社会"的意義をもつ事柄ではないので，学問の主題になりにくい。また，それを考察するフレーム（視線といってもいい）もほとんど開発されていない。メール交換を文化社会学的に読み解くためには，とりあえず2つの視点からみていくことが有効であろう。ひとつは，メディア空間と現実（対面空間）との「二世界問題」というフレーム。もうひとつは，自己物語のリライトというフレームである。2つの視点は，重なり合って共通の物

語のフレームを形成している。

　「こうやってメール書くのって気分良いです。真っすぐな気持ちになれます」（映画『(ハル)』1995）／「メールで書くと素直になれます。」（テレビドラマ『WITH LOVE』1998／「何ひとつわかり合えなかったのは体を重ねたせいじゃなく，ことばを重ねなかったから」（同）／「あなたといると本当の自分になれる」（映画『ユー・ガット・メール』1999）。

　つまり，これらのドラマでは，言葉だけの世界を強調するために，対抗関係にある対面配置つまり身体という実感世界の欺瞞性や虚構性が強調されるという共通の物語のフレームをもっている。

　そして，文字が，「まっすぐな気持ち」「癒し」「勇気」「支え」「励まし」「自分が変わっていく」「立ち直る」などを可能にする"現実の力"をもつことが強調される。共通の構図は，これらのドラマのなかでは，私たちが現実だと思っている制度空間・対面空間が"ウソ"や"仮"であり，メール空間というCMC空間の方が"ほんとう"で，"自分を力づけ，支えてくれる力をもっている"という，リアリティの位相反転図式である。つまりここでも主題は，「二世界問題」である。そして，もちろんこうした極私的なCMC空間であるメールの力はドラマだけではなく，私たちのメール交換実践のなかで定常的に起こっていることであり，"メルフレ"の基本的な魅力として私たちを捉えて離さない。

　その一方で，メールフレンドから始まる出会いが，男女間のトラブル事件としてマスコミを賑わし続けているが，問題の所在は，青少年問題や逸脱の物語にあるのではない。"実際に会う"という対面配置時における落差・危険がいかに高負担であっても，いまや手軽に文字で自己を語り合うメールというメディア行為が備えている幻惑力が消えることはない。

　「メールだと自我がゆるみます」。これは，筆者自身が一度も会ったことのない〈メディア・パートナー〉から受け取ったメールのフレーズである。長いキャリアをもつ精神科の専門医である彼女のこの言葉は，メール交換の"魅力と力"を端的に表している。

● 映画『(ハル)』にみる「二世界問題」

　繰り返すが，CMC映画やドラマに共通するのは，現実世界のもどかしさ，

ままならなさに対する，CMC空間つまり"仮想世界"のすばらしさを強調するという対比の構図であり，人生の敗者復活戦物語である。作品世界では〈対面・日常・秩序〉的リアリティ観を相対化するためのレトリックが用いられることになる。つまり，2つの世界の行き来を基本構図として，CMC空間の側が実は"ほんとう"であるという，日常的リアル観への位相反転が強調される手法がとられる。だから，"私も映画のようなメール交換がしたい"と思わせるのである。

作品の視聴者がもっている普通のリアリティ観は，対面こそがリアルであり"ほんもの"であるという対面神話である。そして，CMC空間は，人工的で虚構・ウソの世界であるというリアリティ観は根強い。当然のことながら，映画やドラマは，この神話への逆転を物語化する。

この逆転の構図という点では，パソコン通信を舞台にした映画の『(ハル)』は理論的に考えられた作品である。主人公のひとり「ほし」は，恋人を亡くし，実生活への張り合いをなくしている。その「ほし」にプロポーズする実業家の次のような台詞は，象徴的である。

「今でもぼくは，思い出を大切にしています。思い出とともに，生きています……。」「自分の思い出とおなじような思い出を持っている人と，互いに交わらずに，一緒に生きていきたい」。

つまり，この青年実業家は，身体的現実・結婚という制度的現実を"虚ろな世界"として相対化する位置を担っている。そして映画は，現実を"虚ろ"とするレトリックの準備のあとで，素朴な実感信仰，対面神話のなかでは"虚"に映るCMC空間のなかに，"ほんとう"の自分や，自分を変えていく力を見いだす「ほし」の姿が描かれていくことになる。つまり，「ほし」が生きる，人生のドラマトゥルギーの舞台が，対面空間とCMC空間との間で逆転しているわけである。

もう一方の主人公の「ハル」は，アメリカンフットボールの選手として人生の物語を紡いできた。キャリアのある美貌の恋人もいる。そうした「ハル」が，体を壊し，アメフトができない体になることで，「ハル」にとっての制度的世界も，ままならない世界，いわば"虚ろな"世界と化してしまっている。こうした「ハル」が，「ほし」との，"文字によるメール交換という一見虚ろな世界"

によって癒され，人生をリスタートさせていく。「ほし」と「ハル」とが，互いの"実"人生とは一見異なる"虚"の世界によって，エンパワーされ，癒され，そして力づけられ，やがて人生のリスタートを始める。こうした「二世界」逆転のドラマが基本構図となっている。

《「ハル」から「ほし」への二世界逆転劇》

「メールの存在，ほしの存在が，僕にとって毎日の支えでした」「こうやってメールを書くのって気分良いです。真っすぐな気持ちになります」「ほしにメールを書くことが僕の日常なのです」「今までのメールの記録を見て自分が変わって行くのが解りました」。

《「ほし」から「ハル」への二世界逆転劇》

「ハルとのメールには何か特別な物を感じていたのです」「私はハルにメールを書いたり，ハルのメールを読んだりすることで，少しずつ立ち直ってきたのだなぁと思いました」「私が毎日，何を考えどう過ごしているか解ってもらいたいのはハルだけです」。

1．〈ハル〉
題名「考えてみました」
ほしのことは，あの新幹線から撮った映像でしか容姿はわかりません。でも，今まで何十回というメール交換の中で，僕は，ほしのことを何度も考え，自分なりに想像をして，自分の〈ほし〉を作っていました。ある時は嘘，ある時は正直なメールだったかもしれません。
でも，僕はその時，その時が楽しかった。嘘であっても正直であっても，僕にはほしのメールであればよかったのです。
メールの存在，ほしの存在が，僕にとって毎日の支えでした。お互いに恋人のこともメールにしました。そんなスタンスを保ってやってきたのに，妹と僕が知り合っただけでいけないのですか？僕も暫くメールを出さないかもしれません。そうすれば，ほしも僕の気持ちを解ってくれるような気がするのです。

『〈ハル〉』は，たかが文字でありながら，その文字交換が現実の日常生活を支え，人生のリスタートの契機となっている様子をみごとに描いた作品であり，〈メディア・ドラマトゥルギー〉の典型例である。この映画は，芸術性というよりも，理論的な構図が優れた作品といえる。

映画『〈ハル〉』におけるメール例（その1）（森田，1996）

> 1.（ほし）
> 題名「ごめんね」
> ハル，ご無沙汰しています。メールを出さなくてごめんなさい。妹が，ローズだったなんて本当にショックでした。私たちがメールを交わしたり，新幹線の通過で会ったり，そんな事を長い時間をかけて少しずつ積み重ねていたのに……。何だか今までの事が，とても空しく感じられたのです。
> メールの交換なんてそれ以上の何も無いハズなのに，ハルとのメールには何か特別な物を感じていたのです。
> 正直に言います。私が高校の頃からつき合っていた人の名前が春間次郎と云うのです。映画フォーラムで（ハル）と云う名前を見つけた時，"春間次郎"のような気がしてとても嬉しかったのです。
> 春間次郎は交通事故で亡くなりました。私は彼を忘れられない，どうして生きていったらいいだろうと考えていました。彼との思い出だけで生きていこう。もう恋もしない，結婚もしない。もし結婚するにしても相手は愛する人でなくてもいいなんて思うこともありました。
> 人間関係や見聞はパソコン通信で，職業は何でもチャレンジしてやれとか，彼の事を乗り越える為に私を変えるようにしてきたのです。そうやって新しい自分の生き方を自分なりに模索していたのです。
> 私もハルとのメールを読み返してみました。私はハルにメールを書いたり，ハルのメールを読んだりすることで，少しずつ立ち直ってきたのだなぁと思いました。
> ハル，私の方こそ本当にありがとう。
> 私にとって，もう（ハル）は"春間次郎"とは全く関係のない（ハル）です。私が毎日，何を考えどう過ごしているか解ってもらいたいのはハルだけです。
> これからもヨロシク！（ ^ - ^ ）私にはハルが必要です。

映画『（ハル）』におけるメール例（その2）（森田，1996）

このように，2人は，文字によるフィクションの世界にこそ，"ほんとう"の世界を感じる。『（ハル）』はメール交換の力を見事に描いた作品であり，ひとつの雛型を提供してくれる映画といえる。

この映画には，「ほし」が友人と一緒にカラオケするシーンや，引っ越し祝いのホームパーティを開くシーンが挿入されることで，「ほし」が一見"健全な"社会的コミュニケーションをこなしていることがさりげなく描かれている。また，「ハル」が，スポーツ青年である設定など，ネット世界のユーザーに対

する当時の社会的イメージである，オタクっぽさ，コミュニケーション不全などのマイナスイメージをさりげなく払拭するトリックもふんだんに挿入されている。また，「ほし」の妹の「ローズ」が性・身体的現実の象徴的な存在であったり，さらに，「ローズ」が，「ハル」とのメール交換では，文字のなかだけで性的であると同時に，現実の世界でも積極的に男性にアプローチする存在であったり，また「ハル」と「ほし」が，東京（都）と盛岡の郊外（鄙）に住んでいるなど，至る所で対極的な二世界が設定されており，二世界問題を考えるモデルのような映画となっている。

この映画では，CMC 空間と対面空間とが交差する場面が 2 カ所設定されている。ひとつは，主人公の 2 人が，通り過ぎる新幹線の窓とそれを車の側から見つめる形で交差するシーン。2 人がビデオカメラをもって，互いを映像という"写像"に残して，互いの実存を確かめるシーンはこの交差の世界をもう一度，二世界問題へ突き放す。2 度目は，最後に 2 人が東京駅のホームで対面するシーンである。そして，映画は「はじめまして」で終わる。メール出会いの多くは，「会って終わる」ケースが多い現実を考えれば，映画の終わり方としては，この続きがあってはならないのである。映画『(ハル)』は，作品としての評価とは別に，二世界のリアリティの逆転構図を巧みに配置した理論的な構図をもった作品に仕上がっている。

この映画が封切られた際には，日本中のパソコン通信空間で，『(ハル)』のようなメール交換がしたいという文字メッセージが飛び交ったが，こうしたドラマがメディアそれ自体よりも，メディアを使うことで可能になる素敵な出会いや恋愛への誘因となっている点は重要である。メディア自体が魅力ではなく，自己物語のリライトというもうひとつの説明原理を導入することなしには，メディア行為への内発的な欲望は説明できないからである。

● テレビドラマ『WITH LOVE』にみる「二世界問題」

『(ハル)』(1995)が，インターネット前夜のパソコン通信の輝きだったとすれすば，インターネットのブームに軌を一にしたテレビドラマが『WITH LOVE』(1998)である。主人公（長谷川天：たかし）は，"人生に飽いて疲れている"花形の CM 作曲家，そして，もうひとりは"平凡な日々がつづく"

と語る銀行勤めの地味で普通の女性（村上雨音：あまね）という対極的な二世界設定である。2人のメール交換は，間違いメールから始まる。ドラマでは，たかしの周りにラジオDJの美貌で性的魅力に富む恋人のかおりを，またあまねの周りにも，合コンで知り合ったエリート商社マン（吉田）という男性を配置している。また，対面配置においても，2人は仕事上の役割関係においては知り合いであり，かつしばしばケンカをする関係として距離感が強調されている。社会的，制度的世界の常識からの，それぞれがベストカップルのような組み合わせを配置し，また主人公の距離感を前面に出しながら，しかしCMC空間のなかでは2人は，九州（小学校の教師）とパリ（に留学している元銀行員）という偽りの場所からのメール交換を通じて，心を"交感"させていく。

　ドラマでは，言葉だけの世界の力を強調するために，当然に，対抗関係にある対面的配置つまり身体という物理的・実感的な世界によって成立しているリアリティ感覚のもつ欺瞞性・虚構性が強調される。

　主人公の長谷川天：たかし＝ハンドル名（hata）と村上雨音：あまね＝ハンドル名（てるてる坊主）は，視聴者を魅了する言葉を次々と語り合う。

　「いくつもの夜をあかして語り合っても，溶け合うほど体を重ねても，何一つわかりあえない」「何一つわかりあえなかったのは，体を重ねたせいかもしれない」（hata）

　ドラマでは，性的な存在としてのかおりに，このような台詞を語らせる。
　「最初は体だけの関係でも，そこから愛が生まれることはあると思う」「文字だけの女がいいのね。ただの文字じゃない」（かおり）。

　こうした身体的・対面的世界の虚構性を語ることで，CMC空間のほうが本当の世界であるという逆転のトリックを導く。

　「毎日の暮らしの中で，近くにいる人たちとの関係が表面的で希薄なものに感じられます。たわいもない会話，くだらないうわさ話。仕事上とのトラブル，自分の身に起こったイヤなこと，イヤな自分。そちらのほうが現実なのに，こうしてパソコンに向き合ってメールを書いている時間だけが，本当の現実のように思えます」（てるてる坊主）

　こうして，ドラマでは，身体・体のもつリアリティ神話が崩される。「そこから愛は始まらない」という「たかし」の語りがあり，対照的に言葉の力・癒

し力が前面に出される。まさしく「二世界問題」的フレームである。
　「hata さんの言葉が，癒してくれました」（てるてる坊主）
　「てるてる坊主の言葉が，癒してくれた」（hata）
　「hata さんの言葉が，勇気をくれました」（てるてる坊主）
　「てるてる坊主の言葉が，勇気をくれた」（hata）
　「hata さんの言葉が，支えてくれました」（てるてる坊主）
　「てるてる坊主の言葉が，支えくれた」（hata）
　「hata さんの言葉が，励ましてくれました」（てるてる坊主）
　「てるてる坊主の言葉が，励ましてくれた」（hata）
　「hata さんの言葉，みんな思いだせます」（てるてる坊主）
　「てるてる坊主の言葉，みんな思い出せる。てるてる坊主の言葉，いつも心にあります」（hata）
　「hata さんの言葉，いつもこころにあります」（てるてる坊主）
　・・・・・・・・・・・
　「メールを書くと，素直になれます」（てるてる坊主）
　「てるてる坊主さんにメールを書くと，なぜか素直になれます」（hata）
　・・・・・・・・・・
　「hata さんのメールの言葉が，胸をつきました」（てるてる坊主）
　・・・・・・・
　「楽譜って不思議ですよね。この記号が人を感動させたり，楽しませたり」（てるてる坊主）
　「励ましたり支えになったりする」（hata）
　「文字もそうですよね。言葉になって，文章になって」（てるてる坊主）
　「メッセージになる」（hata）
　「それが人の思いを伝えるんですよね」（てるてる坊主）
　文字が「まっすぐな気持ち」「癒し」「勇気」「支え」「励まし」「自分が変わっていく」「立ち直る」などを可能にする"現実の力"をもっている。その逆転劇がこのドラマの妙味となっている。
　このようにみてくると，改めてメール交換を素材にしたこうした作品が，対面と CMC 空間という二世界の対比と，CMC 空間における文字の力を強調す

るという共通の物語フレームをもっていることがわかる。

　もちろん，文字の力は，特別なドラマのなかだけではなく，いまや私たちが日常のメール交換のなかでしばしば経験する出来事である。

　CMC 空間は，虚構でも非在でもなく，人生を変えるように"感じさせる幻惑力"をもっている。そうしたメディアの力を実感させるもっとも身近な情報ネットワーク社会経験がメール交換といえよう。確実なことは，私たちの生活のなかに，見知らぬ他者と出会い，容易に文字で"おしゃべりする"というメディア行為がメディア生活のスタイルとして定着してきてしまったということである。そして，文字メッセージは，私たちの存在を支えるような存在領域を獲得しつつある。もちろん，メール文化の定着は，声の文化や対面配置の意義の消失を意味しない。メールの後に電話で語り，そして対面するというモードの重層化が進む。いつ，モードを切り替えるかは，情報社会におけるリスク管理をめぐる能力（リテラシー）の問題となる。そして，文字幻想から対面配置にいたる際の落差や，幻想の消失によるトラブルは，しばらくはマスメディアの社会面を賑わすニュース価値をもちつづけることは間違いない。

● **愛と失望のネット恋愛：文字との恋愛？**

　メール交換，そしてネット恋愛というテーマは，当然書籍としても，S.フレッチャーの『E メール・ラブ』（1996）や堤栄二『ネット de ゲット──パソコンからはじまる出会いの法則』（1997），そして岩下久美子のルポルタージュ・エッセイ『ヴァーチャル LOVE』（1999）などが出版されている。

　『E メール・ラブ』もまた，メールの魅力を語る。「E メールだと，悲しい秘密を打ち明けるのが簡単なんですね。何度驚いたことか……。無料のセラピーみたいです」（『E メール・ラブ』163頁）。コンピュータ恋愛，コンピュータ・パートナーなどの言葉が多く用いられている。

　筆者は，1999年度に大学の調査ゼミナールで，1年間「メディア・フレンド（メディア社会のフレンドシップ研究）」に関する実証的な研究を行い，その結果を，学生たちの私的経験や参与観察をベースにした報告書『メディア・フレンド──"愛"と"失望"のネット恋愛』（2000）を発行した。

　この『メディア・フレンド』の共同調査のなかで，とりわけ際だった報告は，

①女性にとっては簡単に相手が見つかること。電話の3章で指摘したようにネットでも「代替可能性」は装置として成立している。そして②男性はすぐに会おうとすること。そして，③会った場合の"落差"の大きさであった。もちろん，実際の恋愛に発展したり，結婚したりする事例も発見されるが，圧倒的に多くの場合には"落差"の大きさに落胆してメール交換自体が終息している。

この"対面時の落差"は，ハッピーエンド的終末を迎えるメール交換ものドラマとの決定的な違いでもある。『(ハル)』は，東京駅のホームでフロッピーを持って会い，「はじめまして」で終わる恋愛ドラマとしてラストを迎える。『ユー・ガット・メール』は，「それがあなたで本当によかった」と歌う。これらのドラマも，結局は，2人は実際に対面的な関係となり，そして恋愛関係に発展し，最後にはハッピーエンドに終わる。つまりここには，実際に会って，メールの世界と同じイメージ通り，あるいはそれ以上であるという前提がある。そして，実際のメール交換の場合には，多くが会って終わる。

『メディア・フレンド』調査を通じて，発見された言葉は，「清潔感」「エモイスト（絵文字上手）」「ときメル（ときめくメール）」「美男字」「文字美人」「顔パス（会っても，イメージ違いなので，人違いのふりをして無視する）」「男はみんないっしょだ（男性は，会うとほとんどの場合，交際や性愛を求める言葉を語る）」「外れが大きい」「ヒットしたらすごい（心から入っているので，外見も好みなら大恋愛となる）」「宝くじのようなもの」，そして「リセット」「シカメール（メールを無視する）」などである。

報告書のなかで，ある学生（女性）は，苦い経験を振り返りながら，対面世界では，恋愛のプロセスが「すがた」⇨「おもい」⇨「からだ」へとシフトするのに対して，インターネット世界では，「おもい」⇨「すがた」⇨「からだ」の順となる。そして，「すがた」⇨「おもい」に慣れてきた私たちは，「おもい」⇨「すがた」に慣れていないために，過剰な想像・妄想が先行し，"落差"が拡がるのだと分析してくれた。数百通のメールのなかから数人の相手を選んでデートを繰り返した彼女の結論は，ネット恋愛は，「文字と恋愛している」ようなものなのかという疑問であった。岩下は，疑似恋愛という言い方をする。ただ，メール交換のなかで"幻想"が増幅しているという事実は誰もが認めるのであるから，疑似や虚偽の恋愛とはいえない。文字によって語られた人格（メ

ディア・フレンドやメディア・パートナー）は実在しているのであり，そうした相手との一時的な恋愛や友愛の感情は芽生えていることは確かなのである。

　むしろ，出会いの簡便化とリセットの容易さ，そうしたシステムの社会的装置化，そしてそうしたシステムが可能にした"代替可能なものとしてのパートナー"という関係のあり方，フレンドシップ（親密性や友愛関係）の重さの変化などが新しい事態といえる。

私のメルフレ論

　人は自分を語りたいって感情を持っていると思います。自分の気持ちや考えている事。それを誰かに聞いてもらいたい……。誰しも，そんな気持ちを何気に抱えていて，そんな私達にメールというシステムは自分の気持ちをぶつけやすい環境として最適ではないでしょうか？

　口で話す場合は後で「あれも言っときゃよかった」と後悔したり長々と演説ぶるのって結構気恥ずかしかったり相手と自分に語り合う充分な時間がなかったりしますが，メールは互いの好きな時間に語り，そして読んでもらえればいい。

　以前は学生運動が盛んであったのも，根本的に自分の気持ちを語り聞いてもらいたいという若者のパワーであったと思います。今は，私達はこうしてパソコンの中で自分を語っている。

　言いたい事を好きに語り，そして共感者達で集う，メルフレは自分が持っていた「語り」の自分を新しく引き出してもらうための新しい出会いなのではナイでしょうか。

　そんな語る自分が「新しい自分」に見え，本当の自分でなく自我がゆるんだように感じたり，これが本当の私，と考えたり，各自色々戸惑うようだけど，実はそれは元から内に持っていた「語り」という欲望を出せれたのだと思います。と言って今，私もちょっと知ったかぶって語ってしまいました。いや一私もかなり語りたい人間なんでしょうね。

学生が書いた典型的なメルフレ論である。講義のなかで課題を出し，講義提出用の掲示板に掲載してもらったものである（2000年11月，中京大学社会学部1年生：長谷川千紗，本人の了解を得て掲載）。

ある学生が語ったメルフレ論

2節　メディア社会のフレンドシップとは？

●〈メディア・パートナー〉とは誰か？

人はなぜ，CMC 空間に魅了され，掲示板で語りつづけ，そして，とりわけメール交換に魅了されつづけるのだろうか。『WITH LOVE』では，ドラマの初期展開のなかで，CMC 空間やメール交換の魅力について，ヒントとなる台詞が挿入されている。

「自己アピールのためにやっている人が多いみたい。誰かに何かを伝えたがっている感じ」（雨音）。「変身願望っていうの，別の人生を歩いてみたいっていう気持ち……ちょっとだけわかる」（雨音の親友）。「お客様は，名前で呼んでくれないけど，いつも名前を晒している。銀行の評判を落とすなと言われつづけている」（雨音）。

変身願望は，いわば人生のリスタートを意味する。そして，そこでは，つまり制度的な名前が無意味で，CMC 空間のなかのメディアネームが意味をもつ。つまり，こうした物語は，これまでの"実人生＝制度的人生"に対して，疲れや倦怠を感じ，"別"物語や"再"物語を求める主人公たちの，いわば人生のリライト物語・リスタート物語である。しかも，自分を文字として"語る"こと，いわば自在のイメージ操作によってそうした物語が可能となる。

電話風俗の 4 章で指摘した，"〈メディア・パートナー〉供給の社会的装置化"，"出会い系メディア空間の社会的装置化"は，メール交換というフレンドシップな行為の出発点が極めて容易になったことを意味する。この社会的装置化という線上では，電話風俗とインターネットはまったく等価である。そして，〈メディア・パートナー〉は，「いやならリセット」して新しい関係を始める，代替可能なものとして提供される。それは，自分の人生の物語にとって都合のよい相手でなければならない。メディア・コミュニケーションが可能にしているこの"わがまま感覚"や"自分勝手さ"を「自己都合型コミットメント（関与）」と名付けたが，メール・フレンドもまた，こうした「自己都合型コミットメント」のなかで展開される。メール交換では，自分を批判する相手ではなく，限りなく抱擁してくれる他者が求められる。〈メディア・パートナー〉は，パー

トナーであるとともに，相互の都合がつくり上げた相互に都合のよいパートナーである。

　極論すれば，メール・フレンド，〈メディア・パートナー〉とは自分がつくりあげた"鏡のなかの自分"のような存在である。メール交換を通じて，私たちは"自分と出会う"。

● **新しい関係性：5つの親密な他者と〈自己都合型コミュニケーション〉**

　「今，この時も，あなたの配偶者（婚姻制度上のパートナー）が，そして，あなたの彼氏や彼女（性愛上のパートナー）が，あなたに気がつかれることなく，メディア空間のなかで，メディア・パートナーと，"真摯に""親密に""ほんとうの自分"という，文字で構築した自己の物語を，互いにときめかせながら語り合っている……こうしたメディア社会の到来を，僕たちは，いったいどう受け止めたらよいのだろうか？……」。これは，『メディア・フレンド』の共同研究の最後に，筆者が学生たちに問いかけた問題提起である。

　メール交換という新しい経験（いや文通は，新しくはない）が投げかけているのは，〈メディア・パートナー〉が，制度的パートナーとは別に簡単にできてしまうこと。制度的パートナーには知られずに可能であること。そして，容易に代替可能であることである。

　〈メディア・パートナー〉関係，メディア・フレンドシップは，結局，メディア行為者が，自分の人生の物語の編み方，つくり方のなかで，どう利用する，位置づけるかというメディア行為者の選択・都合の次元に還元されてしまう。

　〈メディア・パートナー〉は，家庭外親密性や恋愛外親密性の可能性を極度に容易にしつつある。メディア空間のなかでは，独身にも，不幸な家庭の悲劇のヒロイン・ヒーローとしても自分を構築することが可能なのだから。

　CMCを含む電話系（ファックス友やベル友も含めて）コミュニケーションがもたらしつつある"関係の新しさ"については，以下の5点を指摘しておこう。

　① 非制度的関係の親密な他者（匿名性の意味内容のひとつ）
　② 制限的・瞬間的に親密な他者
　③ 代替可能な親密な他者

④　自分がイメージとして構築する親密な他者
⑤　無限抱擁する親密な他者（背景としての他者）

　①，②，④はわかりやすいが，③⑤は補足説明が必要である。③について補足すれば，代替可能は，コミュニケーションの結節点における瞬間瞬間の真摯さがないということ，単なる遊び・遊戯ということではない。リセットと親密な他者の再発見が極端に容易となったシステムの社会的装置化は，マクロには，代替可能という経験の蓄積を生み出しつつある。メル友との別れが，ある意味で痛みが少ないのは，記憶として蓄積される経験の薄さのせいともいえる。〈メディア・パートナー〉経験は，相互の行為経験がキャリアとして蓄積されることでリアリティが確保されていくような，日常生活の記憶経験とどのように異なるのか。これは，〈メディア・パートナー〉をめぐる検証主題のひとつである。

　⑤は，掲示板文化もそうであるが，他者による承認，無批判的な抱擁が求められる側面である。基本的にメディア・コミュニケーションは，「（相手への）よいしょ」メディアである。批判よりも，限りない承認こそが求められる。批判的存在でない他者は，すでに"自分を語る・自分を構築する"ためのアイテムにすぎなくなる。背景というのは，そうした"語る相手がいることだけが意味をもつ"コミュニケーションを指している。

　メディア社会における私たちの関係感覚の変化は，5章でも論じたが，まず若者論という形で語られた。「モラトリアム人間」や「ホテル家族」という言葉を流行させた小此木啓吾は，ポケベルや携帯電話，あるいはファックスなどの新しい通信手段が，これまでと異なる"豊かな自閉"を可能にすると考えている（「豊かな自閉」『ビオス2——この私とは何か』）。小此木は，テレビゲームなど「高度の人間的な応答機能」をもったメディア空間への関わりを「孤独感のない孤独」として「一・五の世界」と名付けた。「一・五の世界」とは，虚構性の物語を一方的に受信し自分のものとしたような錯覚の世界を指している。これに対して，メディア・コミュニケーションの世界は，「自閉の中に本当の親密さや情緒的な親近感を持った現実の人間が存在する」。「目の前の時間と空間を超えたところに，本当に親密な交流の対象を持っている」関係の登場が"豊かな自閉"である。「手紙と同じように……，内面の細かい気持ちも拾い出して言語化する能力があれば，かなりきめ細かい内容を言語化することが

可能である」(前掲書，37頁)。小此木もまた，本章と同様に対面神話の崩壊や制度的に親しい間柄での親密性の喪失・相対化を指摘する。システムを媒介とした親密感が登場したことで，目の前で話をしている人が一番親しいという思い込みは破綻するという彼の指摘は，前節の対面神話の相対化の指摘と重なり合う。小此木は，精神分析の立場から，マルチメディア時代の自閉症的な病態について3つの条件を指摘している。

① 幻想や妄想のなかに心を奪われ，眼前の現実から引きこもり，閉じこもっている場合
② 眼前の人と人との間柄のなかにいながら，そこに不在の別な何ものかに心を奪われたり，その対象のことを思ったりしている場合
③ メディアのなかの人物に，特殊な感受性をもち，他の周りの人には，感知されない通信や交流を，その人物だけが受信し，時には送信し，ほかの人びとには共有できないコミュニケーションの世界をもつ場合

小此木が精神分析の視点から"豊かな自閉"という新しい親密な人間関係に焦点を当てているが，メディア文化というフレームからは，①メール交換(文通)というメディア行為のもつ力や魅力の主題と，そうした②メール交換という親密な語りの"願望・欲望"を社会的文脈のなかで読み解く視点の2点が必要となる。

● 極私的メディア行為と〈自己物語〉

メール交換という自己紹介メディア行為の欲望，あるいは自己語りの欲望の社会的背景を考える上で，またそうした語りの行為が織りなす社会関係模様を考える上で，速水由紀子は興味深い造語を提起している。彼女は『家族卒業』のなかで，私生活から切り離されたメディア空間で出会う親密な他者を「第四者」と名付ける。これは，富田英典が「インティメイト・ストレンジャー」と名付けた他者と同じ内容の概念である。

「『第四者』の関係では，互いの個人的評価に影響を及ぼさない，パーツ的な関係を結べる。それに刹那的であれ，『この人こそ，今までの相手とは違う』という，トキメキや刺激も味わえるのだ。……匿名性のみが重要なのではない。現実の日常生活はお互いにさらす必要がなく，相手の個人的な側面にも責任を

もつ必要がない。それが『離脱願望』にかなうのである」（速水『家族卒業』182頁）。

こうした「第四者」関係への欲望や離脱願望を社会学的に理解するために，われわれは，井上俊の物語としての人生の視点，V. バーや片桐雅隆の構築主義的自己の視点などを援用することができる。これらの視点は，電話空間やCMC空間での"自己"を考える際のもっとも重要な出発点となりうる。なぜなら，メディア空間とは，声や文字によって，意図的・能動的に自己を構築しつづけることで成立するコミュニケーション空間だからである。その意味では，対面世界の相互行為コミュニケーションの純粋モデルが可能になる。

しかし，その一方で，これらの物語パラダイムは，基本的には対面配置を前提とした議論である。メディア文化論の課題は，この対面配置という形而上学的（絶対的）所与の前提に対して，テレ・プレゼンス（非在・非現前）の特性をどのように関数として組み込むかということである。

〈声〉・〈文字〉のみという〈制限メディア〉は，そして，メディア端末に媒介された他者関係は，すでに述べたように，自己の拡張と他者の背景化・アイテム化を増幅させる。選択的であり，代替可能であり，そして，そこでの他者は，あたかも自己都合型の関与の対象でしかない。一見，相互行為という景観をとりながら，メディア・コミュニケーションは，むしろ，自己肥大が進む現代社会が担っている独我的自己という十字架の特性をクローズアップさせてしまう。この点では，メディア空間での自己における，自己の構築主義の修正は，メディア文化論の基本主題として位置づけられる。

また，9章で改めて紹介するが，いのちの電話やレターカウンセリングもまたメール交換文化を理解するための補助線となる。それらから見えてくる「他者が語る物語を無条件で受け入れる」という関与の仕方は，"自己への無限承認メディア"としてのメール交換特性へのひとつの説明枠組みを示唆してくれる。

さらに，交換日記，日記，自分史，ストーリーテリングなども〈自己語り〉文化理解への補助線となる。そうした補助線から見えてくる「自己が自己を語る悦楽」という特性は，"自己紹介メディア"としてのメール交換の魅力を説明してくれる。

ともかくも，こうした物語・自己構築なども含んだ「自己物語」パラダイムは，CMC空間での掲示板文化，とりわけ，露出過多ともいえるホームページ文化，そしてとりわけそのなかでの日記公開という文化，そして，より親密なモードでの自己語りであるメール交換に適用することで，メディア行為者の動機理解を推し進めることが可能である。

〈文字〉による印象操作の可能性の高いメディア空間では，前章でも述べたように，あたかも自己の人生の物語の再編集・リライト・リスタートを可能にしてしまうかのように振る舞うことを可能にする。繰り返して述べることになるが，CMCはいわば「自分自身に向かって語る物語」と「対人的・社会的コミュニケーションの過程で他者に向かって語る物語」との一致が，発信者の側で一方的・流出的・自足的・戦略的に仮構される空間なのである。それゆえに自己の都合に合わせた関わり方と語り方が対面配置よりは，いっそう自在に可能なのである。そして，まず〈文字〉の世界で可能となった新しく語られる自己についての物語である〈自己物語〉は，やがて，オフラインという対面空間に逆投射されることになる。二世界は往還的な関係であるが，空間関係におけるリアリティは，反転して投射される。そうした逆転の結果，身体・対面が写像（コピー）となる。

このように，すでにつくられた物語を一気に，しかも自分の操作性を高める形で，物語＝文字とて構築できる装置が，メディア・コミュニケーションである。リセット願望，リライト願望がそのメディア行為への"内発的な起動力"である。メール・フレンド経験のある者の多くが，「メールって魅力的ですよね」という語りには，そうした自己承認とリライト願望を読みとりたい。メディアは，人生のドラマをリメイクするてっとり早い装置である。本書では，「自己物語のリライトを可能にするような幻惑力を備えているか否か」を審判軸にして〈メディア・ドラマトゥルギー〉という言葉を使ってきた。この点でも，メール交換もまた，電話風俗と同様に〈メディア・ドラマトゥルギー〉のまぎれもない中心的な装置として定着してきているといえるだろう。

参考・参照文献

井上　俊『スポーツの芸術の社会学』世界思想社　2000

6章　Eメールの文化社会学

岩下久美子『ヴァーチャル LOVE』扶桑社　1999
岩波講座『現代社会学8　文学と芸術の社会学』岩波書店　1996
岩波講座『現代社会学9　ライフコースの社会学』岩波書店　1996
小此木啓吾「豊かな自閉」『ビオス2』1996年春号　哲学書房　1996
片桐雅隆『自己と「語り」の社会学』世界思想社　2000
小林多寿子『物語られる「人生」』学陽書房　1997
新堀通也『私語研究序説』玉川大学出版局　1992
中京大学社会学部加藤晴明ゼミナール『メディア・フレンド——"愛"と"失望"のネット恋愛』メディア文化研究報告書第5号　中京大学社会学部加藤晴明研究室　2000
堤　栄二『ネット de ゲット——パソコンからはじまる出会いの法則』技術評論社　1997
B.ディディエ　西川長夫・後平　隆（訳）『日記論』松籟社　1982（原書1976）
富田英典『声のオデッセイ』恒星社厚生閣　1994
V.バー　田中一彦（訳）『社会的構築主義への招待』川島書店　1997（原書1995）
速水由紀子『家族卒業』紀伊国屋書店　1999
K.プラマー　原田勝弘ほか（訳）『生活記録の社会学』光生館　1991（原書1983）
S.フレッチャー　布施由紀子（訳）『Eメール・ラブ』徳間書店　1996（原書1996）
『男と女の「出会い」の本（別冊宝島313）』宝島社　1997
森田芳光（原作）『(ハル)』扶桑社　1996
八巻香織『手紙でしか言えなかった』新水社　1998

― coffee break ―

■ 深夜のネット徘徊に潜む"欲望"を読む ■

● はじめに：サイバースペースと若者の接合

　IT革命論議がかまびすしいなか，西鉄バス乗っ取り事件は，インターネットの普及と青少年犯罪との結び付きに焦点が当たったはじめての事件となった。精神鑑定結果では，犯人の少年は，事件前の数ヵ月「インターネットに没頭し，暴力的な画像や情報に触れる中で『別の人格』が半社会性を強めていった」という。自閉する少年は，ネット世界を徘徊する暴走する少年だったのである。

　今日，電話風俗（ダイヤルQ^2・テレクラ）に始まりネット空間にいたる情報ネット空間の登場は，徘徊する舞台の質そのものを変えてしまった。そこでは深夜が焦点になるのではなく，時間・場所・現実という"感覚の消失"の経験が焦点になる。従来の若者の徘徊する舞台は，地区（ヤンキー文化）や都心（チーマー文化）などの物質性のある舞台である。いま，こうした舞台に，新たに情報ネット空間（サイバースペース）が付け加わってしまった。それは，虚構・仮想ではなく，私たちのコミュニケーションが営まれる"もうひとつの実"世界なのだが，その一方で，ネット空間は，私たちの存在感や制度的な縛りがふっと消失してしまうような感覚に誘われる"厄介な世界"でもある。

● ネット人口の急増と荒れる掲示板

　インターネット人口はこの数年で急速に増大している。パソコン初心者や女性の大量参入が続いているわけだが，さらに，手軽に使えるポケベル・ケータイ感覚で利用する世代が増えてきていることにも注目しておきたい。最近の利用層の拡大や低年齢化のなかで，ネット掲示板（インターネットのなかの書き込み自由の掲示板）の荒れ方が話題になることが多くなってきた。「2ちゃんねる」と名付けられた掲示板群である。ある意味では欲望むき出し，メッセージをひたすら吐き出すような場所となっている。「掲示板荒らし」という掲示板の運営を妨害する行為も珍しくなくなった。もちろん，こうした欲望の突出は，やはりパソコン通信の時代にも大規模の商用ネットでもよく見られた景観である。ネットワーク上のケンカ（フレーミングという）も珍しくないどころか定常的な景観であった。匿名性の高いネット空間は，どうしても"荒れ"てしまう。

　もちろん，その一方で，普通の掲示板は電子社交場として，極めてフレンドリーで和やかな世界であることの方が多い。ネット世界は，同じ関心・趣味をもつ人たちがフレンドリーに営むもうひとつのコミュニティ（共同社会）なのである。

● "深夜のメディア"としてのネット

　もう15年ほどネット好きや関心のある学生たちとこうした文化を観察し続けていて，

発見した言葉は，ネットには「夜のメディア」という言葉がピッタリだということである。深夜，だれもいない部屋で，カチャとコンピュータのスイッチを入れる。自分のいつもいく掲示板やチャットにいく。そこで，メディアネーム（ネット上の名前）を知っている他者や，まったく知らないはじめての他者とのコミュニケーションや，不特定の他者に向かってメッセージを投げつける。ネットには，最初からそんな深夜のイメージがある。

　実際，利用時間帯の統計からも明らかなように日本のインターネットは夜間の利用が割合が極めて高い。これは，通話料金が夜間に割引かれたり固定料金で済むなどの料金制度の問題もあるが，そうした割引料金制度がない時でも，メディア・コミュニケーションは，基本的に夜のメディアであった。

　なぜ，夜ひとりになるとメディア・コミュニケーション（電話からインターネットまで）したくなるのかと問いかけてみると，多くの若者からは「寂しい」という言葉が返ってくる。今日の若者のなかには，好きなCDを聞きながら，テレビの映像だけをスイッチオンにしてる者も少なくない。ひとり暮らしの個室では，"環境"としてであっても，目の前に繋がっている"他者"が必要とされる。こうした夜メディアと寂しく共生する生活を検討しつつ，私たちが発見した言葉は，「かまってほしい」である。夜，遅く自室に帰ってくるものは，訪問したり電話したりすることができない。メールや掲示板の文字コミュニケーションの装置は，社会的世界への参加（言葉を換えれば深夜徘徊だが）が制約されていた人びとに，それを可能にしてくれる解放のメディアという側面をもっている。つまり，ネットの利用には，昼の利用の顔と夜の利用の顔がある。昼に仕事・学校で利用するネットと，夜ひとりで個室で利用するネットには，それぞれの利用者にとって意味が違うのである。夜，時間・料金を支払ってもネット世界にのめり込むのは，そんな深夜徘徊のもつ解放感が大きな魅力となっているからである。

● 癒しとしてのネット：愛しい"私"への無限の承認

　すでに述べたように，ネットはそもそも深夜徘徊のメディアであるが，同時に解放と癒しのメディアでもある。関心に応じて，それぞれの場でメッセージを交換しあう。掲示板やチャット（疑似リアルタイムのおしゃべり）は，一見ノリのよさを持ち味にした軽いコミュニケーションのように見えるが，単なる遊戯ではなく，心が癒される居場所となっていることも多い。また「家族」「学校」「地域」「会社」から離れて，普段出会うことのないいろいろな人と出会う場所である。ネットの魅力を語る人のほとんどが，この「いろんな人との出会い」をあげる。また，実際に対面するオフラインパーティ（オフ会）という現実（この場合ネット内の世界が現実となる）へと環流するシカケもどこでも行われており，ネット・コミュニケーションの重要な魅力となっている。

　この春に，私の講義を聴いていた学生から真剣なメールをもらった。それは，高校時代イジメにあって自閉し学校を中退したが，同じ経験をした人たちやそれを支援する人

たちが集まる掲示板に出入りするようになって気をとりなおし，再び人生の再スタートを切る元気がでたという"美しい話"であった。大検を経て大学入学した彼女は，今はネットからは足を洗っているという。自分を無限に抱擁し慰めて励ましてくれる掲示板は，日常の現実とは違うのであり，それにいつまでも依存しているわけにはいかないということであった。彼女同様に立ち直った人達も，今では掲示板やオフ会から離れているという。自殺志望者の掲示板などでも，真剣な悩みが語り合われているのに驚く。若者の深夜徘徊は，一方で，こんな繊細な世界を形成している。

見方を変えれば，ネットは，自己が傷つかずに，無限にやさしく包んでもらえ，自分の存在が"承認"（これが重要なキーワードである）されることで，「人生の敗者復活戦」とでも言えるものが可能になったようなパワーが得られる世界である。それは自分が「主人公」となれるドラマトゥルギーな世界でもある。場所・時間を選ばない私的なメディア・コミュニケーションは，自己都合型の文化を醸成する。

● モノローグ（独り語り）文化としてのネット

ただ，最初に触れたように掲示板は，美しい心の交感場所だけではない。ネットの長所は，だれもが書き込めることができる点にある。つまり編集者はいない。ここが新聞や雑誌の投稿欄とは大きく異なる。こうした自由に書き込みできるという特性は，他方で，無制限な書き込みの暴走を生じさせることになる。とりわけ匿名性や徘徊領域が増大し，ますます"通りすがり"的な関与が可能になった最近のインターネットではこうした欲望の暴走が頻発せざるをえない。ある青年は自らを「ネット暴走族」を名のっていたが，こうしたネット世界の暴走族によって掲示板が荒れ，メンバーが他でこっそり別の掲示板をつくるということもパソコン通信以来のネット文化の特徴でもある。

すでに触れたように，ネット世界には，メッセージを交わし，相手を無限に承認しあうことで心と心が共振する「交感」的コミュニティの側面とともに，不特定多数の視線を意識しながら，自分のメッセージを投射するという「メッセージの捨て場所」的な側面もある。こうした感覚のなかでは，他者は"背景"でしかない。ここには〈自己の肥大〉・〈自己拡張〉と〈他者の縮小〉の構図が見え隠れする。「メッセージの捨て場（メッセージ投射）」の視点から見れば，ネット世界のコミュニケーションは，一方向的なモノローグ（独白）的表出が織りなすコミュニケーション"もどき"である。

すでに触れたように，そこでは自分への"承認"のみが求められるのであり，自分への批判はタブーであり，排除と攻撃の対象となる。インターネット・携帯電話の世界では，メル友大流行の昨今だが，そのメール交換は，ひたすら相手に対して"よいしょ"と"絶対的抱擁"をするマメなサービスによってのみ継続されるという際どさを抱えている。

このように見ると，ネット世界は実にモノローグ的な世界である。どのネットにも，ともかく自分のメッセージを書きまくる人がいる。多くの掲示板は，"おらが掲示板"

という「当事者意識」をもって，熱心に書き込む少数の「主人公」たちによって支えられるという構造をもっているようでもある。ネットで日記を公開する人も増えて来ているが，こうした私的な物語の公開もまた〈自己拡張〉のひとつの現象といえる。こうした文化にとって，他者は，自分を支えるアイテムであり，情報環境となっている。ネット社会とは，こうした〈自己拡張〉の文化の側面を強くもっていることを考えれば，深夜徘徊がもつ暴走的な側面は容易に理解できよう。

● **本当の意味でのメディア・リテラシーの必要性**

私たちは，ネットの世界という厄介な"もうひとつの"深夜徘徊の装置を手に入れてしまった。しかも，それは，限りなく自己都合的に"自分勝手に""我が儘に"「主人公」として振る舞える世界である。ネット空間は，"不当にも"社会的に評価されていないと"思っている"人びと（そして実際に，世間の尺度では一旦敗者となった人びと）にとっては，とても好都合な居心地のよい世界である。ある意味では，自分で一方的にドラマの「主人公」となっていると"感じる"ことのできる世界なのだから。その意味では，ネットにハマる若者に，この"いっぱし感覚"の臭いを感じさせられていつも辟易してしまうのは仕方のないことなのかもしれない。

メディアは，決してそれ自身で勝手に欲望を生むわけではないが，彼・彼女が孕ませている欲望のDNAを，ねじ曲げながら増幅する装置である。メディアは，感覚の遮断と声・文字・画像などの断片的な複製から情報的な現実を再構成するのだが，この"断片性"が，人びとを惑乱・錯乱させるような力を作動させてしまう。メディアの語源が，メディア（巫女）から来ていることは，偶然というにはあまりに不気味である。

では，最後に，このネット世界の逸脱・惑乱と制度的現実の軽視（これはネット上のことだから現実ではないという意識も含めて）をどう超えていったらいいのだろうか。少なくとも，正しいネットの使い方があるわけではない。メディアには，私たちの現実感覚を揺るがしてしまう，つまり，「ネットだから何をしてもいい」と思わせてしまう魔力がある。ネット世界を堪能したからといってすぐにリアリティを取り違えるほど人は単純ではないが，リアリティの比重や重点の移動はしばしば起こる。最後にあえて処方箋のようなことを書くなら，IT時代の最中，使いこなす技能的なリテラシーにだけが焦点を当てられているが，本当に求められているのは，このリアリティの重点移動に対するバランス能力としてのリテラシーであることを強調しておきたい。現実世界とネット世界とのリアリティを小刻みに切り替えつつ，2つの世界の対話とバランスをとっていけるような，そんなタフな感覚の醸成が求められているといえよう。

初出：『月刊少年育成』2000年12月号（通巻537号）「特集：どうなる！深夜徘徊」大阪少年補導協会発行

7章　テレビゲーム経験にみるメディア文化
～自在感覚・主人公感覚の定着～

1節　ゲームをめぐる主題設定～ゲームはネオ視聴覚文化か？～

● **なぜ，テレビゲームはメディアとしてまともに論じられないのか？**

コミュニケーション・ツールとは異なるパーソナル・メディアの代表は，テレビゲームである。CMCに比べて，あるいは他のマルチメディアに比べて，テレビゲームもまた不幸な語られ方をしてきたメディア文化である。今では，日本を支える情報ソフト産業やマルチメディア端末として脚光をあびているが，ほとんどの場合，産業というフレームや教育というフレームから焦点化されるだけであって，"大衆文化消費"やメディア文化というフレームから論じられることは少ない。この不幸な生い立ちは，理由がないわけではない。

① 言説生産者のインリテラシー（メディア音痴）
② 低俗文化としてのラベリング
③ メディアとしての正統性の非確立

こうした生い立ちの不幸を超えてテレビゲームをメディア研究の主題としていく作業は，次の4つの局面で可能となる。本章では(a)(c)(d)に焦点を当てる。

(a)マクロ・メディア論①：メディア史のなかのテレビゲーム，(b)マクロ・メディア論②：産業論としてのテレビゲーム，(c)ミクロ・メディア論①：メディア経験としてのゲームの魅力，(d)ミクロ・メディア論②：子ども論・青年論としてのゲーム経験

● **メディア史のなかのゲーム：視覚の再魔術化パラダイム**

メディア論といわれる語りの共通フレームは，〈口誦―視覚文化への憧憬〉である（本書では，声の文化を強調する際には「口承」を，視覚や身体も含んだ感覚論を強調する際には「口誦」の語を用いている）。そこでは文字経験の

歴史（1000年の歴史）・活字メディア経験の歴史への批判，文字によるイメージ力への抑圧，文字的感覚への特化・抽象的思考・技巧的な文学などが批判のやり玉にあがってきた。こうした語りは，マクルーハニスト（マクルーハン主義者）と呼ばれる共通のフレームである。そして，文字・活字が人びとの感覚を支配する以前，つまりモダーンな社会の前の中世社会（中世は，この場合極めてあいまいなレベル，つまり感覚のフォーマットが文字・活字中心になる以前にあったと考えられる，疎外されていない社会として位置づけられることが多い）では，つまり印刷革命以前に人びとの感覚を支配していた口誦文化，視聴覚文化が支配的であった。そして，複製テクノロジー，ITテクノロジーは，そうしたオーディオ・ヴィジュアル文化の現代的復権を可能にするという論法である。〈口誦―視覚文化〉は身体文化とも同義である。つまり「生きられる」身体から，「概念・記号的身体」への展開が，モダーンな社会の疎外の形ということになる。文字・活字による概念革命の蔓延によって，私たちの本来もっていた"野性的"な身体感覚（いわば中世農民のもつ身体性・共通感覚）が，人工的・模造的な環境，つまりメディア社会の情報環境によって疎外されてしまったと考えるのである。

　アメリカの気鋭の美術史家B.スタフォードは，こうしたマクルーハニストの思潮のなかにいるひとりである。彼女の『アートフル・サイエンス』は，テクスト文化に特化していくこの1000年の歴史を批判し，イメージ・リテラシーの必要性を強く語る。18世紀という近代合理主義の出発点にも，数量的な科学を理解するには，イメージ情報や図像が重要な役割を果たしたのだという。

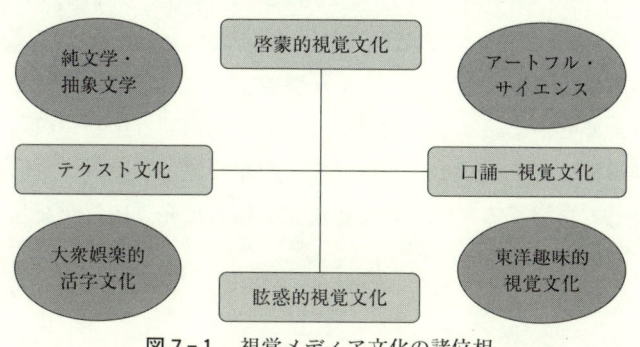

図7-1　視覚メディア文化の諸位相

スタフォードは，メディア経験を二分する「イメージ・インリテラシー（メディア音痴）対イメージ・リテラシー」という評価軸を提供してくれる。彼女は，「我々は近代初めの口誦─視覚文化に先祖返りしつつあるのではないか」というメディア史認識に立って，「ヴィデオや電子テクストの操作的・組み合わせ的な『ムーヴィオーラ時代』の学生たちが，再び書記（スクライバル）の技術に戻っていくなどとは想像できない」（『アートフル・サイエンス』335頁）とイメージ・リテラシーの蓄積を積極的に評価する。

ただし，スタフォードの視覚文化論には，もうひとつの評価軸がある。コンピュータ技術を援用した新しい視覚教育を目指し，ネオ啓蒙主義を掲げるスタフォードは，〈再─魔術化〉という言葉を使いつつも，どこまでも進化主義・合理主義的な思考の流れ，教養主義的な枠組みのなかにある。遊びの文化を強調しつつも，それは，合理的科学との調和を期待するからである。逆に，単なる驚異・カルト・魔術的なイメージは，彼女からは「東洋趣味的」な退廃文化であり，妖かしの「退廃文化的ヴィジュアル文化」として批判されている。

こうした2つの軸を設定すれば，テレビゲームは，「東洋趣味的視覚文化」「退廃文化的ヴィジュアル文化」という批判を受けそうである。日本のアニメーションやゲームを指して語られる「ジャパニメーション」には，そうした「東洋化されたテクノロジー」や「東洋風退廃文化」へ批判的語りの文脈と重なり合う蔑視的な響きがある。

たしかに，Nintendoという記号として世界を席巻したテレビゲームが，映画発祥の地ヨーロッパ（フランス・イタリア・ドイツ・北欧など）ではなく，またハリウッドを擁するアメリカでもなく，東洋の外れのハイテク国家JAPANから登場してきたことは，それ自体メディア史のなかでは，一見奇妙にみえる出来事である。そこに，18世紀啓蒙主義とは無縁の"怪しさ"が漂っているとみえても不思議はない。だが，活字文化批判と正しい口誦─視覚文化という評価軸では，テレビゲーム経験を正面から位置づけることはできない。それは，ゲームをめぐるメディア文化研究主題の出発点にしかなりえない。

2節　青年論としてのゲーム～オタク論・自己論～

● テレビゲームと自閉する子供論

　来るべき1000年におけるイメージ・リテラシーの復権の重要性を説くスタフォードにしても，テレビゲームは東洋趣味的な有害なメディアという教養主義的位置づけからは逃れていない。テレビゲームの特性は，1983年のファミコンの登場，そして1985年の「スーパーマリオブラザーズ」の大ヒット以来これまでいつも子供・青年の病理問題とセットになって論じられてきたことである。これもまたひとつのメディア文化特性とさえいえるかもしれない。

　テレビゲームという言葉を聞いた時に，もっとも一般的に思い浮かぶステレオタイプ・イメージは，「自閉のメディア」「オタク化」のメディアというネガティブ・イメージである。テレビゲームは，しばしば自閉促進のメディアとして非難されてきたのである。テレビゲームだけでなく，映像メディア環境の進展は，青少年犯罪が起こるたびに，2つのパターンでの〈ネガティブ・イメージ〉論議を繰り返してきたのである。①「コミュニケーション不全論」：ひとりの世界に閉じこもり，対人コミュニケーションが苦手になる。②「情報内容模写論＝現実の取り違え論＝現実と虚構の境界問題」：ゲーム感覚・ゲーム的イメージで現実世界をみるようになる。現実の虚構の境界があいまいになり，時にとり違えることが犯罪や異常行動を引き起こす。

　こうした議論の多くは，すでに香山リカの『テレビゲームと癒し』(1996)で整理・紹介されている。テレビゲームが，自閉化と現実感覚喪失と親和性をもったメディアという指摘に対しては，香山はいくつかの異議を申し立てている。

　〈悪影響論批判〉①社会の疑似環境化の進展：現実・虚構の二分を発生させる疑似環境は，テレビゲーム以前に成立している。②悪影響は恣意的言説：社会のステレオタイプ的了解であって，学問的に十分証明されていない。症例も偏っている。③子供自体原因説：もともと社会的コミュニケーション能力の少ない子がゲームをするので，ゲームをする子が社会的コミュニケーション能力が低いという相関は認められない。

〈ゲームのポジティブな側面〉①遊戯治療としての癒しにつながる部分がある。「心とゲームのポジティブな関係」は可能なのだ。②ゲームのなかの強い「参加体験」が生きる力を与えてくれる（癒し・エンパワーメント論）。

ただ，ゲームのなかで癒された子供は，「所詮ゲームはゲーム」という二分法的な割り切り方をするのであり，ゲームのなかの元気な自分を，現実の生活のなかに再投企しようとはしないことは，香山自身が3年後の著作『インターネット・マザー』で認めている。その上で，「ゲームという虚構世界での成長をひたすら見守る」という方針で彼らとつき合っていると，不意に「学校に行き始める」「妄想が軽くなり家族とも会話する」といった改善が起こることがあるとして，そうした"効果"的な「出来事」に期待をかけている。

しかし，テレビゲームに対しては，メディア・コミュニケーションを擁護する側からも批判と差別化が図られている。つまりテレビゲームの虚構世界は，非人間的世界であり，メディア・コミュニケーションは，虚構ではなく，人間の真摯な社会的世界であると。

そして，テレビゲームを"人間的""現実的"なインターアクションのないメディアとして批判する同じ論理はCMCにも向けられる。インターネットの社会的・文明史的意義に焦点を当てる言説からは，テレビゲームという視覚文化は，基本的に人間的でない世界，虚構の世界であり，フェイス・トゥー・フェイスの人間的な営みではないという理由から，一段下のメディアとして審判される。虚構の世界対社会的世界という二項対比の物語はCMCの意義を語る側の根強い"神話"となっている。

しかし，そのCMC空間もまた，実際に生きている日常経験の世界に比べれば，「所詮は文字の世界」（つまり文字でつくったうそつきの世界）という峻別・差別を受けることになる。こうした言説には，「ライブ信仰・ライブ神話」が根強くある。つまり，われわれの日常感覚のなかでは，〈現実の生身の経験〉＞CMC経験＞テレビゲーム経験〉という序列神話が暗黙の了解であるかのように横たわっているのである。

だが，パーソナル・メディア経験から社会をみていくという本書の視点から重要なのは，"現実"というものがあたかも絶対的に揺るぎなく"ある"という素朴な対面神話が，括弧に入れられようとしているということである。電話

もCMCもゲームも，ライブな現実のもつ至上性を括弧に入れる「リアリティの比重反転（象徴的逆転）」を感じさせる"幻惑力"があるからこそメディアとしての魅力に満ちているのである。そのメディア空間では，自分が自分の"都合"で"主人公"となれるという，リアリティの構築が限定的に可能になってしまう。つまりメディア文化の視点からは，子供・青年の自閉が主題なのではなく，メディアが可能にする〈主人公感覚〉のほうが主題なのである。これを論じるために，ひとまず，私たちを魅了してやまないテレビゲームの魅力やおもしろさ特性に目を向けてみよう。

3節　ゲームの変容と始源

● **テレビゲームの変容・深化**

テレビゲームというのは，「コンピュータ（マイクロ・エレクトロニクス技術）を利用したメディア対話型の遊戯」である。そして，多くの場合スクリーン対話型でもある。メディア・テクノロジーの多くは，社会生活に浸透していく際に，「遊び」というスタイルをとるが，テレビゲームもその典型といえる。

遊び論の領域では，R.カイヨワが『遊びと人間』(1958)で示した遊びの4類型がしばしば準拠点にされる。①競争（アゴン），②偶然（アレア），③模擬（ミミクリ），④めまい（イリンクス）である。カイヨワのこの分類を用いれば，テレビゲームのほとんどが，①競争と④めまいの遊びである。しかしまた，②偶然的な要素や，③模擬の要素も盛り込まれている。一番最初のテレビゲームは，①競争である。その後の過程は，いわばジャンルが多様化し，遊びの質が変容してくる過程でもある。

〈参照：テレビゲームのジャンル〉

シミュレーション，シューティング，アドベンチャー，アクション，スポーツ，格闘アクション，パズル，ロールプレイングゲーム，ボードゲーム，レース，その他

最近のテレビゲームをめぐっては，以下のような変容・深化を指摘しておきたい。

(a) 記憶媒体の進化と物語化の進展：そもそも映像・視聴覚メディアには，

スクリーン上に生起するメディアの魅力と，物語としてのメディアの魅力とがある。伊藤俊治は，視覚を考える視点として，視野に関わるヴィジュアル・フィールド(生のままの自然像)と視覚世界としてのヴィジュアル・ワールド（人間化され，翻案された像）とがあることを教えてくれるが，しかし，両者ともに，スクリーンと私たちとの対話のなかで，「見る」という行為に直接関わって成立している（ヴィジュアル・プレゼンス次元のリアリティ）。テレビゲームには，この視覚メディア経験，いわばスクリーン経験の魅力に加えて，物語ワールドとしてのおもしろさ（物語性次元のリアリティ）もある。ヴィジュアル面でのフィクションの構築と，物語としてのフィクションの構築の両面といってもよい。そして記憶媒体の進化（カートリッジ→CD→DVD）は，ヴィジュアル経験と物語経験の両者にも変化・深化をもたらしつつある。

　大容量の媒体を使うことは，詳細な下位の遊戯空間，対話オプション，それにともなう選択的なストーリー展開，マルチ・エンディングにいたる複雑な物語設定，それぞれの空間におけるディテールの描写，会話におけるボイス部分の増大，ムービーと呼ばれるアニメーション部分の充実などを可能にしてきた。大容量化はこうしたヴィジュアル的フィクションの構築や物語的フィクションをいっそう幻惑的なものにしていくことになる。

(b) 世代とジャンル差：テレビゲーム経験は，世代に応じて接するジャンルが異なっている。つまり，ゲームボーイに典型な小学生中心の携帯テレビゲームでは，アクションやパズルという比較的簡単な操作で単純な物語のソフトが中心である。これに対して，世代に幅が出てくる据置き型テレビゲームでは，シミュレーション，アドベンチャーのようなより複雑な物語展開や，操作的に技量を要するシューティングが高い比率で登場する。ゲームといっても，世代によってジャンルの差が出ているのである。

(c) 個人差が大きいジャンル差：私たちの調査およびゲーム世代の学生自身による教育調査（章末補足参照）では，テレビゲーム行為者の得意ジャンルや利用ジャンルはかなり明確に分かれている。アーケードで対戦格闘ゲームを専らとするもの，ロールプレイングゲームを専らとするもの，シミュレーションゲームを専らとするもの，なかでも恋愛シミュレーションに

特化するものなど，行為者自身による他のジャンル愛好者への蔑視や距離化の意識も含めて，ゲームユーザー，ゲーム愛好家という一言では語れない状況が生まれている。

(d) 他感覚系・体感系ゲームの登場：最近の傾向として視覚以外の感覚器官を刺激する系のゲーム，あるいは，視覚と体感とが融合した体感系ゲームの方向がみられる。「パラッパ・ラッパー」や「ダンス・ダンス・レボリューション」など，身体運動と結びついた音楽・ダンスソフトもひとつのジャンルを構成している。また，音だけのソフト作品の試みなどもある。またメディア史的には，口誦＝視覚文化の再演という位置があるとしても，文学・活字文化とまったく異なるメディアかというとそうではない。ロールプレイングゲームなどは，字幕文字との組み合わせでストーリーが展開する。あたかも小説を読むようなスタイルを取り入れて，新ジャンルを目指したものもある。

● **テレビゲームの始源：幻想文学との連続性**

テレビゲームの中心的なジャンルのひとつに，ロールプレイングゲームやアドベンチャーゲームの「ファンタジー」と形容されるような物語世界がある。そうした文化は，「虚構性カルチャー」といってもいいかもしれない。こうした虚構性物語の源流は，今世紀の前半に登場し，その後世界各地でブームを巻き起こした『指輪物語』である（テレビゲーム・ミュージアムプロジェクト『電子遊戯大全』15頁）。作者は，J.R.R.トールキンで，彼が，仲間のC.S.ルイスやチャールズ・ウィリアムズとともに始めたイギリスにおける神話創作の活動のなかから生まれた作品である。「陽気な小人ホビット族のフロドが，すべてを統括する力のある指輪をモルドールの火山に棄てて無力にしてしまうために，エルフ族などの助けをかりながら冒険を繰り広げる」（前掲書，15頁）といういわば20世紀の新神話である。神話やファンタジー物語というのは，私たちの現実生活のさまざまな制約を棄てて，まったく新しく，虚構としての人工的な世界を，あたかもひとつの現実のように詳細に具体的なデータで構築したものである。そして，この文学書としての虚構性物語を，読書行為と似せつつも"体験的なごっこ遊び"としてメディア体験するために考案されたのがテレビゲー

ムである。

　キャラクターとしての敵・怪物・聖人・勇者，アイテムとしてのお金・武器・剣・魔法，舞台空間としての山・海・町・村・城・地下迷宮，ストーリーとしての冒険と戦闘，行為規範としての正義・誠実・献身・慈悲・謙遜・名誉・崇高。これらの要素が，ゲームの神話的な物語世界を構成する。

　だが，テレビゲームの神話的リアリティとファンタジー生成の源流は，20世紀の新神話『指輪物語』で終わるわけではない。少し始源の時間を後ろに伸ばすだけで，私たちは，19世紀に光学（窓・眼鏡・鏡・幻燈・顕微鏡）に熱中したドイツロマン派の作家，E.T.A.ホフマンに代表される幻想文学の数々に出会ってしまう。また，幻想との出会いというメディア経験としてみれば，フランス革命のただなかの「ファンタスマゴリア」（幻燈劇場）にも出会う。幻想文学と光学的詐術との関係に関しては，すでにマックス・ミルネールの名著『ファンタスマゴリア』（1982）が，そして，幻想文学論に関してはツヴェタン・トドロフの構造主義的な文学研究『幻想文学論序説』（1970）を始めとして枚挙にいとまがないほどの語りが蓄積されているが，こうした語りの蓄積を踏まえれば，「テレビゲームは，20世紀末の幻想文学であった」と語ることもできるのである。

　人は，幻想文学のなかに，常に視覚惑乱の装置としてのメディア（窓・眼鏡・鏡・幻燈・顕微鏡など）を接合させてきた。そして，幻想文学に対する「自己のナルシシズム的誇大妄想症」や「フェティシズム」という批評は今日のテレビゲームに投げかけられる批評と極めて酷似している。「こうした視線＝眼の惑乱を描くために，19世紀および20世紀の幻想文学はこの時期にめざましい発展を遂げた光学機器をしばしば用いている」（ミルネール『ファンタスマゴリア』8頁）。ディスプレイ＋コンピュータという光学詐術機器によって構成されるテレビゲームが，幻想文学をヴィジュアルに，そしてより徹底して自己ナルシシズム的に描くのは，視覚メディアに関わる言説に固有ともいえる系譜があってのことなのである。

4節　メディア経験としてのテレビゲーム〜おもしろさ論〜

● **世代経験としてのテレビゲーム〜ファミコン第一世代の場合〜**

　テレビゲームの始まりについてはすでに述べたが，マクロで一般的な視点だけでなく，日本でのファミコン世代のメディアの世代経験もまた，メディアとしてのテレビゲームの文化の特性を端的に語ってくれる。筆者のゼミナールでは，対戦格闘ゲーム全盛期の1995年と恋愛シュミレーションゲームが流行した1997年に，ゲームが得意な学生たちが中心となって電子ゲームの共同研究を行った。とりわけ，「電子ゲーム世代——僕たちはゲーム第1ジェネレーション」（『メディア文化研究報告書』第3号，1998年）にまとめられた「僕たちのゲーム論」をベースに世代経験としてのゲームについて整理しておこう。

　〈小学生〉モノカルチャー経験としてのファミコン文化
　〈中学生〉メディア経験の分化のはじまり
　〈高校生〉メディア経験の進化・深化
　〈大学生〉規制なき生活のなかでの選択的メディア経験

　「スーパーマリオブラザーズ」の大ブーム（1985）の時に小学生だった世代にとっては，それは，「極単一文化」つまりモノカルチャー文化であった。
　「スーパーマリオのブームは，私がファミコンを買ったのとほぼ同時に起こった。それからは学校が終わった後は一目散に家に帰ってマリオ漬けの日々である。しかし私に限らずこの頃は，どこの家でも『ゲームは1日1時間』と親から決められていただろう。そこで私は友人と共謀して，各友人宅を巧みに回って1日に1時間ではなく何時間もゲームをやっていた」（前掲書，27頁）。
　報告書を執筆した学生のこの記述には，当時のモノカルチャー状況と，群遊び的状況が端的に語られている。
　「ゲームの最盛期にはもはや友人の家に遊びに行くことはゲームをする為に遊びに行くことであり，外で遊ぶということはゲームができないからしかたなく遊ぶと言っても言い過ぎではなかった。それ程までにファミコンの出現は私達にとって大事件であり，遊びの形態を変えてしまったことであった」（同書，28頁）。

小学生のメディア経験は，このファミコンにかぎらず，ほぼ同世代の全員が，同じ漫画雑誌やテレビ番組，とりわけアニメーションやバラエティに没頭する。そうした同じメディア経験が，共通の話題となる。文化消費としては，差異への動機よりは，同化のベクトルが強く作動している。

これに対して，中学生・高校生段階では，ゲーム経験の継続やジャンルは，個人的な差異が大きくなる。つまり「ゲームで遊ぶことが同世代のメディア経験や遊び経験の中で正統である世界」が崩れ，子供たちの趣味の世界・遊びの世界・時間消費の世界は"分化"していく。まず中学では，①ジェンダー（性差）による分化，②趣味の複線化，③ゲーム経験空間の複線化などの分岐点が待ちかまえている。

①についてみれば，この世代のゲームは，ほとんどが男性的世界をモチーフにしていることから，女性のゲーム離れが進む。つまりジェンダーによる分化である。彼らの分析によれば，「それでも女性でゲームをやっている人は，赤の他人に知らせず密かに心を許し合える仲間同士だけでゲームをするか，又はアウトローになることを承知でゲームをするという試練を越えた人のいずれかである」（同書，29頁）。

②では，音楽メディアやファッション，スポーツなどのゲーム以外の趣味へと移行し，ゲームを第一の趣味とする割合は極端に減少する。

③は家庭用ゲーム機とアーケードゲーム機（ゲームセンターの筐体型ゲーム機）の分化，いうなればゲーム経験をする場所に関わる空間的分化である。

高校段階では，ゲーム経験のさらなる細分化が進む。継続しない者が増える一方で，当事者たちの語りでいう"濃いゲーマー"が登場する。こうした分化の過程は，ファミコン世代にとっては，ゲームソフトのジャンルが分化する時期と重なっている。

例えば，好みのゲームも，対戦格闘ゲームのようなアクション性を楽しむゲーム経験と，ロールプレイングゲームやシュミレーションゲームなどの"物語性"を楽しむゲーム経験とに分化する。

また，ゲームをめぐるメディア・ミックスの展開，つまり登場キャラクターをモチーフとしたマンガ，アニメーション，キャラクターノベル，各種のキャラクターグッズ化などは，逆にゲームへの偏愛度を増幅させる。と同時に，"濃

7章 テレビゲーム経験にみるメディア文化

さ"や"偏愛"を求められることは、ゲームを継続することの障害ともなり、ゲームを第一の趣味としつづける試練度は高まる。"濃く"熱中することが無言のメカニズムとして強要される反面、大学受験もありゲーム接触からの離脱も進む。

高校で中断したゲーム接触は、大学に入学して復活することも多い。時間・金銭的に余裕ができ、また、ひとり暮らしなどの場合には、生活スタイルの自由さや寂しさも手伝って、ゲーム復活となる。この場合には、"濃さ"はいっそう増すことになるが、そうした濃さを表に出したり、ゲーム文化の趣味を機縁にして社交的な世界を広げる場合もある。

● テレビゲームの"おもしろさ"の三次元

次に世代経験と偏愛の裏側にある主題である、ゲームに"ハマル"という問題を考えてみよう。テレビゲームのメディアの文化的な特性を考える際には、その内容の俗悪さ、ワンパターンさから批評するのではなく、素朴に大衆娯楽メディアとしての"おもしろさとは何か"という問いが重要な出発点となる必要がある。物語内容の陳腐さやジェンダー問題（ステレオタイプ化された男性像・女性像）を持ち出しても、ディスプレイとやりとり（インターアクション）するゲームという視覚メディア経験の特性を見極めることにはならないからである。

テレビゲームのおもしろさは、多元的である。物語・ファンタジー性もそのひとつである。私たちは、物語とのやりとり（インターアクション）を消費する。だが、それだけではない。メディアが可能にするリアリティには、物語リアリティと区別される、ディスプレイまわりに成立するヴィジュアル・プレゼンス次元のリアリティ、つまりヴィジュアル性リアリティがある。この次元のリアリティや、そうしたリアリティが可能にするおもしろさは、デジタル視覚メディア自体の特性、とりわけヴァーチャル・リアリティという感覚惑乱の技術の特性と共通性をもっている。

私たちは、テレビゲームのもっとも大きな"おもしろさ"の構図として、以下の3つの次元を挙げることができる。これは、電子遊戯メディアの楽しみ方といってもよい。

① ディスプレイ画面とのインターアクション次元のおもしろさ
② ゲームの物語とやりとりする次元のおもしろさ
③ メディア・ミックス的なゲーム情報文化次元でのおもしろさ

● **ヴァーチャル・リアリティの構成要素：没入とインターアクション**

　テレビゲームのおもしろさを理解するフレームとして，ディスプレイ画面とのインターアクション次元のおもしろさの問題を避けるわけにはいかない。このディスプレイ画面上の"おもしろさ"は，仮想現実（ヴァーチャル・リアリティ）の特性と結びついている。

　ヴァーチャル・リアリティとは何か。廣瀬通孝は，『バーチャル・リアリティ』(1993) のなかで，ヴァーチャルとは，「実際には存在しないが，本質において存在していると同等の効果を有する」という意味であると定義する。ヴァーチャル・リアリティは，遠隔地や，そのままでは体験できないものを再現し，疑似的に体験させることを目指したテレ（遠隔）プレゼンス（存在）とは異なる，人工的に生成された世界が引き起こす現実感であることから，「アーティフィシャル・リアリティ」などといわれたりする。私たちの感覚器官にある信号が入力された場合，私たちは，現実には存在しない世界にいると錯覚する。こうしたリアリティと感じる錯覚（という現実認識）のメカニズムについて，廣瀬は，「写実的リアリティ」「没入的リアリティ」「操作的リアリティ」「ふるまいのリアリティ」の要素を指摘している。「ふるまいのリアリティ」とは，例えば，電話で通話している際に，電話の先に人間がいるというリアリティを前提として感じているような，振る舞い方の一貫性や作法のようなものである。これらのリアリティ要素は，廣瀬自身が指摘するように，ヴァーチャル・リアリティの要素としてしばしば準拠をされる MIT（マサチューセッツ工科大学）の D. ゼルザーが整理した現実構成の3つの用件と重なり合う。

① プレゼンス（presense）：写実的リアリティや没入的リアリティ
② インターアクション（interaction）：操作的リアリティ
③ オートノミー（autonomy）：振る舞いのリアリティ

　没入は，ヴァーチャル・リアリティを理解するもっとも重要なキーワードとなる。没入とは，ディスプレイという窓が表示する映像世界を私たちが，主観

的な視点から「のぞき込んでいる」という感覚から，「映像世界のなかにいる」という感覚へと転換することであるといわれる。ヴァーチャル・リアリティのキーワードとして引き合いに出されることが多い「臨場感」もそうした体験的な感覚を表した語彙といえる。この没入する空間について，廣瀬は「自らの視点から世界を眺めることによってではなく，自らの分身が別の空間に投射されるのだという考えをすることによって没入を実感する」のだとする。「投射された自らの姿を見ることが面白い」ということになる。

● テレビゲームの"おもしろさ"とリアル

　ゲームのおもしろさを，こうした没入やインターアクションから徹底して論じているのが，安川一のテレビゲーム論である。安川は，まず初期のテレビゲーム，例えばブロック崩しのようなテレビゲームのおもしろさの特徴を「即応的なリアクション」にあると説明する（安川「ビデオゲームはなぜ面白いのか」）。ゲーム行為者にとって，ボールが自分への「即応的リアクション」を展開していく。そして，自分の操作や裏技的な攻略法が，ゲーム行為者の自由度の象徴のように思われてしまうこと，この点にゲームの魅力があるのだとする。ゲームという制約された世界のなかで，完全な適応や脅迫的な没入が要求される。そして，そうした適応や没入と"即応というおもしろさ"が，内発的な動機づけを形成していく。

　こうした「即応的なリアクション」というおもしろさの要因は，その後，「スーパーマリオブラザーズ」の大ヒット（1985）のなかで，さらにハッキリとした形で現れる。安川は，テレビモニター上の"自在感"は，3つの次元で成立すると指摘する。

① 目標とチャレンジ：ゲームプレイヤーの仮託された姿であるマリオ（主人公）が，コインを集めることでパワーアップする。また，障害や罠から抜け出す。これらは，目標意識やチャレンジ精神を駆り立てる。

② 反応の新奇さと驚き：ゲームのおもしろさには，常に裏技の発見や，虚をつかれる意外さなどがあり，それがさらにチャレンジ精神を掻き立てる。

③ ファンタジー：ストーリーと世界の拡がり。この要素は，前節で述べた物語性リアリティの部分である。

ゲーム行為者とディスプレイのインターラクションの次元で考えれば，第1に，「即応と自在の快感」がそのおもしろさ要因として浮上してくるわけである。

　「ビデオゲームの"面白さ"とは，第一にその時空に実現される即応と自在の快感である。"ブロック崩し"のパドル，『スペースインベーダー』の砲台，『マリオ』の勇者――　そうした画面上の出来事とプレーヤーの操作との同調，さらにその結果が，いかにも即応的に与えられ，そのことが自在感として感受される，その"面白さ"である」（安川，前掲書，165頁）。もちろん，安川は，そうした画面インターフェイス次元に加えて，先述したような，物語性リアリティに没入できるおもしろさも指摘した上で，「幾重もの"やりとり（interaction）"」があると総括している。

● 〈分身〉を操作する"おもしろさ"と「二世界問題」

　テレビゲームのリアリティ問題は，その背後に，メディア空間と自己の関係の問題，とわけメディアのなかのもうひとりの自分問題である〈分身問題〉と結びついている。リアリティは，テレビゲームというモノ自体のなかにあるわけではない。テレビゲームをする私たちの感覚経験として，物語世界＝象徴世界経験として構築される。だが，テレビゲーム経験も含めて，20世紀末に登場したさまざまなメディア経験は，メディア空間という，プレゼンスでないもうひとつの行為空間のなかで私たちが振る舞う（行為する）ことを可能にしてきた。これまで電話やCMCの章で論じてきた「二世界問題」がここでも登場する。そして，このメディア空間での主役を考える時に，「メディアという着ぐるみ」を被ると考えるとわかりやすい。ディズニーランドの着ぐるみは，着ぐるみを着たミッキーマウスそのものである。成田康昭は「メディア化された自己」「キャラクター化した自己（他者）」などの言葉を使って，こうしたメディアに仮託された自己（他者）の存在を浮かび上がらせる。

　メディアのなかで，あるいはより直接的に，スクリーンのなかで振る舞う自分の操作が仮託されたキャラクター経験，こういうメディア経験を，仮想現実を強く意識させずに，生活のなかで遊びとして体験させてくれたのがテレビゲームであった。前述したように，廣瀬が指摘する「自らの分身が別の空間に投

射される」「投射された自らの姿をみることが面白い」というもうひとつの代替的な自己（オルターエゴ）論，多元的自己論とでもいえる考え方は，ゲームのおもしろさの醍醐味である。テレビゲーム自体は，寡占的なゲーム機と極端な人気ソフトに支えられたマス消費文化である。しかし，それにもかかわらず，パーソナル・メディアとして，個々のゲーム行為者ひとりひとりに，ゲーム空間という限られた制約のなかで，各自の習熟に応じた自在感覚や主人公感覚を与えてくれる。

　限りなくわがままであるこの"自在感覚"は，"自己都合感覚"でもある。パーソナル・メディア経験は，基本的に〈情報の主人公〉という，〈自己の拡張〉をもたらしてきたが，テレビゲームもそうしたパーソナル・メディアによる"自己都合的"な演技・関与の"おもしろさ"の上に成り立っているメディアとして理解することができる。リセットや代替可能なものとしての物語作成という特性は，相手が生身の人間でない分，より遠慮なく，ストレートに実現される。逆にいえば，ゲームが可能にしてきたのが，〈自己都合型関与〉やリセット可能，リライト可能を前提とした物語創造なのであり，そのゲームのもっている特性を，メディア・コミュニケーション空間が同じように実現してくれているという"さかさま"のシミュレーションが起こっているともいえる。

● 〈情報の主人公〉の視点からの主題化

　本章では，テレビゲームを，自閉のメディアとして主題化するのではなく，メディア自己を見つめる自分の全能感，つまり〈情報の主人公〉という視点からの主題化が必要であることを論じてきた。メディア自己（キャラクターも含めて）とそれを見つめる自己，メディア空間内の自己と現実空間の自己との間には，距離がある。私たちの調査でも，現実と虚構の取り違えについて検証すると，ゲーム好きな若者から返ってくる答えは，決まっている。「ゲームはゲーム，現実は現実」「とり違える奴なんていない」という返答である。つまり，ゲーム世代には，テレビゲーム世界と現実世界との間の距離は"自然な形"で保たれている。二世界を行き来する，切り替えするリテラシーができているのである。これは，メディア空間と現実空間との間の，空間関係に関するリテラシーでもある。

ただ，それでも，「リアリティの比重反転（象徴的逆転）」は起こる。「リアリティの比重反転」に関して，私たちは次のように考えることも可能である。私たちは，同時に並行して多元的な自己が織りなす実践のなかでリアリティを感じるのではない。細切りに幾つもの自己・リアリティの間を，巧みなスイッチングによって，絶えず，リアリティ間移動を繰り返しているのかもしれない。そして，リアリティ間の移動の回路が逆転する時，メディア内の自己により強いリアリティ，つまり"本当のワタシ""素直なワタシ"を感じる。これは，ひとつの仮説ではあるが，このことは，メディアは常に「リアリティの比重反転（象徴的逆転）」を起こさせる"力"をもっていることを物語る。誤解を恐れずにいえば，メディアはイリュージョナルな特性，感覚惑乱の特性という"野生"をもっている。これは，メディア空間と現実空間との空間間関係という，新たなリテラシー問題，つまり多元的空間を行き来する・切り替えるトランジット・リテラシーという問題をも主題化させる。

　ただ，最後に強調しておきたいのは，テレビゲーム経験やCMC経験において，ディスプレイを見つめながら操作する私たち自身が，〈主人公性〉〈主人公感覚〉をもつことができるようになったことが，新しい画期的な特性であるということである。コンピュータ技術は，計算機ではなく，自己のさまざまな欲望を仮託し，自己呈示装置，自己出版装置として，オルタナティブな舞台での〈自己物語〉創出の主人公となることを可能にしてくれるような"愛と幻想"に満ちたテクノロジーであったのである。その意味では，香山がテレビゲームに見いだした「参加体験」の意味は，重要な指摘である。そうした〈主人公感覚〉の振る舞いを，社会的コミュニケーションという視点から理解すべきなのか，それとも，本書が固執してきたような，自己の肥大と表出というモノローグ的視点から理解すべきなのか。これは，テレビゲーム経験のみならず，パーソナル・メディア経験が突きつけている大きな主題なのである。

　※補足：また私たちの調査のなかで，ゲーム好きの学生を集め，1年間ゲームの魅力についての討議を重ねても，「ゲーム経験が自閉を生み，現実を取り違える方向に導くようなことはありえない」という語りのフレームはほぼ全員が一致していた。自閉という捉え方をされること自体に対する反発も強い。しかし，他方で，「生身」よりもゲームのキャラクターのほうが楽だという，現実世界からのリタイア的態度も発見できる。これ

もまた，ゲームの影響というよりも，もともとコミュニケーション下手の青年が，ゲームを時間消費として使っているという結果にすぎない。

※本章は，平成9年度中京大学特定研究「電子ゲーム文化とアイデンティティに関する研究」（加藤晴明・嶋 信宏）をもとにしている。

参考・参照文献

飯野賢治『ゲーム』講談社 1997
伊藤俊治（解説）「〈見ることのトポロジー〉」J.バージャー『イメージ』パルコ出版 1986
R.カイヨワ 多田道太郎・塚崎幹夫（訳）『遊びと人間』講談社 1990（原書1958）
加藤晴明「視覚メディア経験としてのビデオゲーム」『中京大学社会学部紀要』第14巻第2号 2000
香山リカ『テレビゲームと癒し』岩波書店 1996
香山リカ『インターネット・マザー』マガジンハウス 1999
小林修一・加藤晴明『《情報》の社会学』福村出版 1994
坂元 章「『テレビゲームの悪影響』は本当か？」『現代のエスプリ』312，至文堂 1993
B.スタフォード 高山 宏（訳）『アートフル・サイエンス』青土社 1997
中京大学社会学部加藤ゼミナール「電子ゲームの文化――人は電子メディアで何を消費しているのか」『メディア文化研究報告書』第1号 1996
中京大学社会学部加藤ゼミナール「電子ゲーム世代――僕たちはゲーム第1ジェネレーション」『メディア文化研究報告書』第3号 1998
テレビゲーム・ミュージアムプロジェクト（編）『電子遊戯大全』UPU 1988
テレビゲーム・ミュージアムプロジェクト（編）『電視遊戯時代――テレビゲームの現在』ビレッジセンター出版局 1994
電通総研『情報メディア白書 1999』電通総研 1999
T.トドロフ 三好郁朗（訳）『幻想文学論序説』東京創元社 1999（原書1970）
成田康昭『メディア空間文化論』有信堂 1997
平林久和・赤尾晃一『ゲームの大學』メディアファクトリー 1996
廣瀬通孝『バーチャル・リアリティ』産業図書 1993
宮本忠雄『半未来社会の狂気と正気』東京書籍 1987
M.ミルネール 山口顕弘ほか（訳）『ファンタスマゴリア』ありな書房 1994（原書1982）
安川 一「ビデオゲームはなぜ面白いのか」月刊アクロス編集部『ポップコミュニケーション全書』PARCO出版 1992
安川 一「ビデオゲーム経験の構造」『現代のエスプリ』312，至文堂 1993
山下恒男『テレビゲームから見る世界』ジャストシステム 1995
四方繁利『メディアボーイ――M少年は人になれるか』民衆社 1991

第Ⅲ部

メディア文化理解のための理論的道具箱
～社会学とメディア論の"複眼的な視点"から～

　　　　　第Ⅲ部の位置づけは，第Ⅱ部の3種類の個別的なパーソナル・メディア経験から直接離れて，メディアを理解していく際に直接的に，あるいは補助線的に手助けしてくれる理論的な道具を例示することを目指している。8章では，社会学的な理論フレームから，電子メディア経験の理解にとって有効だと思われる道具を紹介する。9章では，メディア史とメディア理論に焦点を当てる。8章や9章で紹介する道具は，いわば，電子メディア経験の"現場"で起こっている，あるいはこれから起こってくる予期せざるさまざまな"現象"に対して，そのつど私たちが必要に応じて"適用"して使えるような知的引き出しのようなものである。それは，直接使えるものもあれば，横穴のように間接的・補助的に適用可能なものも含まれている。そして，どのように適用するかは，それぞれメディア経験の"現場"をめぐる解読作業にゆだねられる。

8章　電子メディア経験と社会学的道具箱

1節　情報化の背景にある「社会の変化」を語る理論

● **情報化の社会的文脈：リースマンと他人指向型人間**

　本書で描いてきたメディア空間内でメディアの特性や自己の物語編集のために"メディア版の自己を構築する"演技感覚をもった自己というイメージの出発点のひとつに，D.リースマンが『孤独な群衆』(1961) のなかで描いた現代人の性格である他人指向型（レーダー型）がある。彼は，伝統指向型・内部指向型・他人指向型という3つの社会的性格を描いたことで知られている。他人指向型人間は，かつてはマスメディアによって支配される受動的な群衆のイメージと重なって否定的な評価を与えられていたが，生きる空間が多重化（社会関係の多重帰属）し多元化（メディア空間の多元性）してきている今日ではむしろ「自己の多元性」を肯定的に捉え"社交的"な"生きる技法"を備えたプロテウス的（ギリシア神話になぞらえて，分散的な自己をもったという意味で使われる）人間として評価的に捉えられてきている。

● **情報化の社会的文脈：都市化・非制度的関係・選択縁**

　ネット社会は「情報縁」という言葉を生み出したが，これに先立つ社会学概念は「選択縁」である。社会学は一方では，都市での新しいコミュニティ論として"近隣住区（ネイバーフット）"を土台に新しい「縁」の復権を夢見てきた。これに対して，上野千鶴子は「選択縁」という語を使い，「家庭」「学校」「地域」「職場」を超えた新しい社交空間の登場を語っている。それは，①自由で開放的な関係。原則として加入・脱退が自由で拘束性がない。オリても不利益をこうむらない。②情報媒介型の性格である。③過社会化された役割からの離脱であるような「縁」である。

②についての説明はメディアとの関わりのなかでイメージされている。「特定の情報やシンボルを媒介に結びつきあっているから，同じコンサートに集まる聴衆のように，コミュニケーションの場を共有しながら匿名性を保っていられる。これに電信電波メディアのようなテクノロジーの媒介が加わると，深夜放送のオーディエンスのように，対面接触がなくても『関係』が生じてくる場合がある。対面接触や身体的な場の共有さえ，『関係』を成り立たせる必要条件ではなくなった」(「選べる縁・選べない縁」139～140頁)。③についての説明では選択縁空間がもつ演技的性格が指摘されている。「『無縁』の世界では脱役割と変身が可能である。遊びと演技が成り立つのもこの空間である。たとえば酒場の無縁的な『コミニニタス』（ターナー）の中では，アイデンティティの自由な創造やコントロールも可能である」(前掲書，140頁)。

上野は，『「女縁」が世の中を変える』(1988)では，専業主婦が選択縁を求めて社会関係をつくっていく姿を，「外さん化」や「縁女イスト」などの言葉で表現している。上野がイメージしているのは，今日，市民活動といわれる，PTAから公民館，コミュニティセンター活動，そして住区を超えたお習いごとから市民運動までのさまざまな領域である。「血縁・地縁・社縁のそれぞれからも見放された女たちが，都市で起死回生の思いでつくり上げた新しい集団が，選択縁の集団だった」(『女縁が世の中を変える』19頁)。「女が妻でもなく母でもなく，"個人"になれる場所，それが選択縁の集団である」(前掲書，21頁)。「選択縁」概念は，インターネットやケータイ文化におけるキー概念である「情報縁」にそのまま当てはまる。宮台真司の「第四空間」や速水由紀子の「第四者」などの概念も，「家庭」「学校」「近隣地域」などでの制度的な社会関係を超える空間や関係に焦点を当てた上野の「選択縁」の舞台である大都市郊外の空間論や社会関係論として理解しておく必要がある。

● **情報化の社会的文脈：ネットワークという関係概念**

「情報縁」の背景にある「ネットワーク」という概念は，都市社会学のキー概念である「社会ネットワーク」や，かつてK.マルクスの歴史理論が提起した「交通（Verkher）」概念や都市社会学者の鈴木榮太郎が考えた「結節」などと同類の概念であるといえる。「ネットワーク」概念には，近代的な軍隊や

官僚組織がもつ指揮命令系統の序列（ヒエラルキー構造），つまりピラミッド型の上下構造ではない，自発的・自律的な諸個人の連携や協働の関係というイメージがある。「ネットワーキング」の概念が使われる前は，社会学はゲノッセンシャフト（仲間社会）やカレッジアル（T.パーソンズ）などの概念を用いてそうした横型の協働社会イメージを語ってきた。

産業組織や市民組織の人的ネットワークに着目した今井賢一・金子郁容らは，人的接触による無形のネットワークのなかからこそ，意味ある情報が発生すると考えている。人の交流とその"現場"で発生する「動的」な「場面情報」に注目し，ミクロな場面からより大きな社会的文脈（コンテクスト）が形成される過程を「ネットワーク・プロセス」として理解している。本書で，CMCの登場によって，情報社会のイメージがデータベースからコミュニケーションへと変化したことを指摘したが，そうした語りの変化はネットワーク論からすれば当然の帰結といえる。

公文俊平は，ネットワーク組織型の社会主体であるSNG（Small Group Network；小集団ネットワーク）を，近代国家と企業に続くモダーンな社会の第三の主役であると主張する。さらに，このSNGに類似した性質をもつ，特定の地域や機能を基盤とする情報・生活共同体が「コミュニティ型ネットワーク」である。そして「ネットワーク・コミュニティ」は，公文の定義のなかでは，さまざまの「コミュニティ型ネットワーク」の複合体として形成されている地域社会を指すことになる。そこでは，CMCが多面的なコミュニケーション・ツールとして重要な役割を果たすことはいうまでもない。

2節　社会学の理論的な道具箱

● 遊びの社会学

情報社会の生活内化を考える際には，「遊び論」はひとつの有効な説明フレーム（パラダイム）である。とりわけ重要なのは，①遊び論が，日常の制度的空間のもつリアリティと異なるリアリティをもつ世界の存在を説明してくれた点。②遊び論が，演技論・上演論と連続した視点をもっている点である。R.カイヨワは，遊びの〈非現実化機能〉に着目しているが，彼の類型化した4つの

遊び分類のなかの「めまい（イリンクス）」は，メディア空間での"ノリ"の〈感覚のフォーマット〉を説明するために適用することができる。また，〈脱世俗化機能〉や〈脱日常化機能〉は，メディア空間への出会い欲望への説明枠組みともなる。近代社会は「人びとのゲーム世界への離脱の願望を強化した」（井上俊）というゲーム論の視点は，ネット空間やゲーム空間の魅力の説明にヒントを与える。

またJ.アンリオは，「彼は自分の行為を，遊びながらおこない，おこないながら遊ぶ。……自分が役者であることを承知している」と述べ，遊び手の二重性を指摘する。この二重性のフレームは，メディア空間内での〈役〉と対面空間での〈自己〉との間の二世界問題の説明に適用できる視点である。

● ゴッフマンの演技論と上演論的パースペクティブ

E.ゴッフマンは，『行為と演技』のなかで，演出する自己について，「演じられた役柄としての自己は，特定の場所を占有し，その基本的運命が誕生し，成熟し，死ぬ定めの有機体ではない。自己は呈示される場面から寄せ集めて生ずる1つの劇的効果 dramatic effect であり，……」と述べる。ゴッフマンは，対面的コミュニケーションに限定しながら，本当に自己があって役割を演じるという行為者像ではなく，そもそも演技し演出することが人間の社会的本性であるという立場に立つ。つまり，私たちはそもそも演技的な行為を通じて「印象の演出者」なのであり，そうした「偽り」の自己とは別に「本当の自己」がどこかにあるわけではない。

上演論的パースペクティブの重要性を指摘する吉見俊哉は，こうしたゴッフマン理論の真骨頂を，「自己もまた，ドラマの一部として演じられる社会的事実のひとつであり，本質的に多元的である」ことを評価する。こうした演技論の視点は，井上俊がいみじくも現代社会の文化を「みせもの」文化と「みせかけ」文化として範疇化し「さまざまな消費をとおして自分自身を演出し，望ましい自分のイメージをアピールしようとする」私たちの行為を「自己の情報化」と名付けた視点と重なり合う。社会は，自己の情報化をめぐる丁々発止のイメージ構成の戦略的ゲームなのである。

● 「物語」パラダイム

　井上俊は「物語としての人生」という説明フレームを提供してくれる。「物語」パラダイムからみれば，私たちは，自分自身の伝記の作者であり，それをオーソライズ（承認）してくれる他者としての，人生の「道づれたち（convoys）」がおり，彼らは，彼らの語りかけと承認によって支えられている。私たちの日常的なリアリティはそうした共有された記憶の承認によって成り立っているといってよい。つまり，身近な他者との間で構築されていく自己についての物語それ自体が私たちの人生にほかならないことを指摘する。私たちは，「人生の物語を語らなければならない」のであり，「自分の物語を他者に向かって語りかけざるをえない」という。人生とは，他者によって語り，構成し，意味づけるものとしてある。

　だが，身近な道づれたちがいったん構築してしまった物語は，安定している代わりに，なかなか変更することはできない。彼らのなかで成立している自分に対するイメージは容易に操作はできないのだ。「理想化された自己イメージを含む他者向けヴァージョンを提示するが，それは他人たちの物語によって，完全に否定はされないまでも，相対化されてしまうことが多い」（『遊びの社会学』162頁）。人は，身近な他者によって語られ蓄積され，ある安定した物語のなかで生きている。それは，安定しているとともに，なかなか変えることのできない物語である。親・兄弟姉妹・恋人・配偶者・友人・同僚などによってつくられイメージされた"私"物語は，なかなかリライトできない。

　本書では，井上の物語フレームを「自己物語」へと変形させて使用している。制度的関係や準制度的関係のなかでなかなか操作できない自己の物語を，"逆転させて"，容易に自己都合的に操作できる代替可能な語りの場として電話やネットのメディア空間に適用している。つまりメディア空間を，他者が背景化し，アイテム化し，自己の都合や戦略による操作編集可能性が拡張する場として考え，その説明フレームとして「自己物語」を造語したわけである。

● 〈構築主義的〉自己観

　片桐雅隆の刺激的な著作『自己と「語り」の社会学』は，"自己の構築＝シンボルによる構築物としての自己"という有効な視点を教えてくれる。「自己

の構築主義」(片桐) という説明フレームのなかで，本書と関連して注視したいのは以下の3点である。①自己の構築は，シンボル・語彙（例／役割）による。②自己の構築は，シンボルを時間軸をもった"物語"によって整序されることで意味づけられる。③自己の構築は，相互作用のなかで創出される。③について，片桐は，「自己の構築は，独我的な営みではありえない。自己をどのようなものとして定義するか，自己の動機をどのように規定するかは，出来合いのものとしての役割や物語に依存するのだが，その営みは，他者の承認や否認と離れて考えることはできない。自己をあるものとして定義することは，同時に他者にそのようなものとして自己を呈示することであり，他者の承認を求めることを不可避的に伴っている。その意味で，シンボルによる自己の表出は，単なる表現行為ではなく，交互行為を構築し，創出する」（片桐『自己と「語り」の社会学』45頁）と述べる。

　片桐が指摘している，「他者の承認による自己の構築」という視点を提起している点は，井上の「物語としての人生」と重なり合う説明フレームである。メディア空間も，電話空間であれネット空間であれ「（私を）かまってほしい」「（他者の歓心をかうお世辞文化としての）よいしょ」がキーワードである。ひとりネットは成り立たない。しかし，本書はこうした独我論批判が向けられることを自覚しつつも「自己物語」というフレームで，あえて「自己都合的な自己語りの肥大化」をクローズアップする語りを選択している。コミュニケーションや相互理解型のモデルでは抜け落ちてしまうネガの部分を主題化するためである。

参考・参照文献
J.アンリオ　佐藤信夫（訳）『遊び』白水社　1986（原書1969）
井上　俊『遊びの社会学』世界思想社　1977
井上　俊「現代文化のとらえ方」『新版現代文化を学ぶ人のために』世界思想社　1998
井上　俊『スポーツの芸術の社会学』世界思想社　2000
今井賢一『情報ネットワーク社会』岩波書店　1984
今井賢一・金子郁容『ネットワーク組織論』岩波書店　1988
上野千鶴子『「女縁」が世の中を変える』日本経済新聞社　1988
上野千鶴子「選べる縁・選べない縁」井上忠司ほか（編）『文化の地平線』世界思想社　1994
R.カイヨワ　多田道太郎・塚崎幹夫（訳）『遊びと人間』講談社　1990（原書1958）

片桐雅隆『自己と「語り」の社会学』世界思想社　2000
加藤晴明「CMC空間と自己物語」『中京大学社会学部紀要』第14巻第1号　1999
公文俊平『ネットワーク社会』中央公論社　1988
E.ゴッフマン　石黒　毅（訳）『行為と演技』誠信書房　1974（原書1959）
E.ゴッフマン　佐藤　毅・折橋徹彦（訳）『出会い』誠信書房　1985（原書1961）
Goffman, E. *Frame, of Analysis.* Harpen and Row.　1974
富田英典・藤村正之（編）『みんなぼっち』恒星社厚生閣　1999
T.パーソンズ　井門富二夫（訳）『近代社会の体系』誠信書房　1977（原書1971）
速水由紀子『家族卒業』紀伊国屋書店　1999
宮台真司『まぼろしの郊外』朝日新聞社　1997
吉見俊哉『メディア文化の社会学』新曜社　1994
D.リースマン　加藤秀俊（訳）『孤独な群衆』みすず書房　1964（原書1950）

9章　メディアの歴史とメディアの理論

1節　メディア文化史の射程

● 身体から声へ，声の言葉から文字・活字へ

メディア史という視点は，人類史自体でもある。情報技術のみをメディアと考える近視眼的なメディア論の最大の欠陥は，文字・活字の成立に先立つ，身体や声の地層もまたメディア史であるという視点が抜け落ちてしまうことである。

〈前言語的メディアとしての身体〉　メディアの源流には「言語の発生」源としての身体運動・身体表現を始源に設定しておくことができる。つまり前言語的＝身体的表現の段階である。

〈身体的メディアとしての話し言葉〉　いわゆる口承メディアの段階である。話し言葉としての声の成立。ヒトが直立歩行し，道具を使用しはじめたのが200万年前，音声言語のはじまりは50万年前，会話のはじまりが3万年前とされる。話し声による会話，抽象性とは無縁のすぐれて今・ここという対面配置にもとづく身体的活動であった。

〈文字の成立〉　文字の使用の歴史は6000年前とされる。

〈活字とテクストの自立〉　J.G. グーテンベルクの活版印刷機の発明（1454）と印刷革命，黙読の慣行（11世紀までの修道院・13世紀の大学・14，15世紀の貴族層への拡大），「概念」の形成と「抽象」的思考の開始。

● スクリーン・メディア経験史：視覚的イリュージョニズムの流れ

視覚メディアは，本来イリュージョン的性格をもっている。それこそがまたメディアのもつ固有の力（中村秀之の言葉を転用して映像の"野生"という言い方をしてもよい）である。私たちが視覚メディアの虜になったのは，なにも

テレビゲームがファミコンとして生活に浸透したこの15年間のことではない。M.エスリンはテレビ文化を「白昼夢製造機」という言葉で語ったが，そのテレビメディア経験史は50年，そして，映画のスクリーン経験というスパンでみれば100年が，スクリーン文化の前史として横たわっている。

　視覚メディア経験は，17世紀や18世紀，近代初期の視覚テクノロジーがもっていた衝撃的経験にまで遡ることができる。"鏡"，眼鏡にはじまり，魔術ランタン（17世紀）やファンタスマゴリア（幻燈劇場・18世紀末）は，映画に先立つ視覚メディア経験である。つまり電子テクノロジーが開示した仮想現実の源流は，200年のスパンをもっている。そして，そうした視覚メディアは，歴史的に感覚惑乱装置として私たちを虜にしてきたのである。こうした視覚メディアは，文字・活字というテキスト次元の抽象化された視覚文化とは異なる"野生"をもっている。B.スタフォードがいみじくも期待したように，口誦―視覚文化は，テキストに特化したいわば飼い慣らされた視覚文化に対して，私たちの視覚リテラシー，イメージ・リテラシーを再生させる可能性をもっている。

● 複製メディア経験：ベンヤミンとイメージの実定化論

　W.ベンヤミンは，『複製技術時代の芸術』（初版1935）で，芸術作品はオリジナリティや一回限りであることに価値があったが，写真・映画などの複製技術が登場したことで彼が"アウラ"と呼んだそうした一回限りの芸術性が喪失すること，つまり「アウラの凋落」を指摘した。と同時に，彼は映画のような映像的な複製メディアの登場は，現実との照応関係を気にしないですむイメージの表層性を楽しむ文化の始まりであることに極めて早い段階で注目していた。彼は，複製文化では「礼拝的価値」とは対象的に「展示的価値」が中心になることを見てとっている。イメージ自体が現実を構成すること，そして視覚そのものが身体に帰属するのではなく，映像機械技術や編集に帰属することを明らかにした。つまり，視覚は，映画のような機械装置によって「物質化」されると同時に，フィルムの編集（ソフト）によって，「機械装置から解放された現実」をも垣間見せてくれる。

　こうしたベンヤミンの「視覚」と「イメージ」「コピー」に関する論議は，写真・映画という複製技術から電子メディアまで，さまざまな情報メディアが，

社会的コンテクストと複合しながら，身体感覚や〈感覚のフォーマット〉が（時に社会的に馴致されない形で）再編される技術だという議論の出発点を教えてくれる。

〈参照：複製メディアのおもな発明〉

電信（テレ・コミュニケーションの装置）の発明（1835），電話（音の複製装置）の発明（1876），蓄音機（音声の視覚化と保存装置）の発明（1877），映画（視覚上の現実，ヴィジュアル・リアリティを実現する装置）の発明（1895）

● コンピュータ・コミュニケーション事業のささやかな歴史

本書ですでに述べてきたように，コンピュータ・コミュニケーションとしての CMC の歴史は極めて浅い。"ネット事業"という視点から日米欧の大きな出来事だけを紹介しておこう。

1980：Compuserve が一般向けサービス開始（米）→1981：ミニテルの開始（フランスのビデオテックス）→1984：アスキーネット（日本初の BBS サービス）→1985：COARA（大分パソコン通信アマチュア研究協会）スタート→1987：ニフティサーブ営業開始→1994：Netscape Navigator 発表→1995：大手 PC 通信（AOL 等）がインターネットとのゲートウェイ開始→1994～95：インターネットブーム→1996：ブラウザー戦争（Netscape 対 エクスプローラー）

また世界のインターネットホスト数も1995年を境に急増する。1994年：3212⇒1995年：8200⇒1996年：1万6729⇒1998年：3万6739⇒1999年：5万6218である。

2節　メディア論の道具箱

● メディアの"力"・メディア決定論・社会的文脈

インターネットがブームになると同時に，カナダの英文学者で文明批評家の M.マクルーハンが復活した。彼は，『グーテンベルクの銀河系』（1962），『メディア論』（1964）で，「メディアはメッセージである」「ホットなメディア」「ク

ールなメディアとホットなメディア」「メディアはマッサージだ」「地球村」など，独自の格言ともいえるメディア論を展開した。彼の最大の功績のひとつは，情報メディアが人間の身体的なレベルや文化的なレベルでのコミュニケーションを規定するという〈メディア固有の現実構成の文法〉とでもいえるメディアの力に対して自覚的であったことである。「メディアはメッセージ」という言い方は，情報の入れ物と情報内容（メッセージ）は別であることを考えれば，直接的には間違った格言ということになる。しかし，メッセージは，どの入れ物（メディア）を使うかということで伝わり方が違う。メディアが人びとの「感覚生活を再編成する」という言い方は，メディアという情報の入れ物のもつメディア特性に沿ってリアリティが構築され，さらに審美的なフレームさえも決定されることを語っている。そして社会的文脈抜きに，メディアの力のみを語れば"メディア決定論"となる。

　本書が〈都市型社会の成熟〉を強調してきたのは"メディア決定論"に陥らないためである。メディア決定論への反証例として，つまり社会的文脈の重要性の例として，農村の有線放送電話は恰好の例である。例えば，有線電話という農村型メディアにいくら高度な光通信を導入しても，都市化という社会的文脈が形成されないかぎり，都市的なメディア空間は利用されない。"究極の地域メディア"（放送のスイッチがなく，放送を切ることができない。つまり"強制的"な放送システムである）であり，かつては電電公社（日本電信電話公社）が貸し出す黒電話以上の普及を誇り，村の文化センターであった農村型有線放送が下火になったのはメディア・テクノロジーの問題ではなく，背景にある都市化の進展と生活スタイルの変化だったからである。

● 口承文化への憧憬：マクルーハン，オング，ポスター

　メディア論といわれる理論の共通の特徴は，基本的に文字・活字文化を敵対視して，文字・活字の前の口承文化と，電子メディアによる新しい視聴覚・二次的な口承文化を礼賛するという語りのフレームをもっている。口承文化は，今日の若者文化論が生み出した用語を用いれば"ノリ"の強調ということでもある。

　マクルーハンのメディア論は，口承メディア→活字メディア→電子メディア

へという3段階の歴史認識をもっている。活字による視覚的で線形的な文化から，電気による触覚的・聴覚的・包括的な文化への移行という歴史認識は，テレビ時代やインターネット時代に適合した語りでもある。基本的には，西洋近代社会に特有の〈感覚のフォーマット〉である視覚（彼の場合文字・活字）の優位性を批判し，それに先立つ声の文化（その触覚性・聴覚性）を理想として設定していた。

W.オングもまた，メディアの発展を口承的・筆記的・活字的・電子的という4つのモードが積み重なってきた過程として位置づけている。声の文化から・文字文化・印刷文化・電子的コミュニケーション文化を捉え返したオングも，『声の文化と文字の文化』で，言葉と声について次のように書いている。

「ことばがもっぱら声として機能している文化は，じつに力強く，美しいことばの演じ語りを産みだす。そうした演じ語りは，高度に芸術的で人間的な価値をもつけれども，いったん書くことが人びとのこころをとりこにすると，もはや可能ですらなくなる」（『声の文化と文字の文化』39頁）。

「美しいことばの演じ語り」，オングのこの表現自体，美しい言葉の演じ語りとでもいうべき表現なのだが，この解釈は，あまりに教養主義的すぎる。私たちの世俗文化は，高度に芸術的でもなければ人間的価値ももってはいないからだ。その点では，電話風俗のメディア空間は，口承文化の力を垣間見せてくれる。そしてオングのような教養主義的な解釈に陥ることなく声，口承文化の力，声というメディアの力の発見がメディア研究の忘れられた主題であることを教えてくれる。

M.ポスターは，必ずしも口承文化への憧憬があるわけではないが，今日の電子文明の革新性に着目するひとりである。彼は，『情報様式論』（1990）で，「歴史がシンボル交換の構造における諸変異体によって区分できる」という歴史観から，メディアとコミュニケーションの歴史を，口頭・文字・電子の3つに分ける。そして電子コミュニケーションの段階では，①通常の意味での文脈が欠落した会話，②対話的でない独白的コミュニケーション，③自己指示的性格のコミュニケーションを指摘する。そしてこの「脱文脈的で，モノローグ的で自己指示的な」言語ゲームの世界の画期性にこそ着目する。ただ，彼は，後にネットワーク・コミュニティを重視する語りへと変遷している。

● **サイファーのメディア論：忘れられたもうひとりのマクルーハン**

　マクルーハンよりももっと体系的に近代における「視覚的なるものの専制」状態を批判し、「視るというメディア行為」「視覚感覚フォーマット」の"歴史的特殊性"や"人工的事実性（アーティ・ファクト）"を解明したのは W. サイファーの『文学とテクノロジー』である。彼は、近代的な視覚形成の支配的なモデルとしての遠近法を、人間の"生"の視覚を疎外してきた元凶であると批判する。近代は「ミメシス（模倣）」の文化の時代であり、それは厳格で禁欲的なテクノロジーの方法によって支配されている。そこでは遠近法やテクスト文化の出現によって世界を外から客観的に眺める観察者、つまり「距離」をもって世界を見つめる者が形成される。これが「自我の悲劇的孤立」という疎外された文化である。

　そして「視覚的正確さ」に熱中する近代社会では、対象との間にできる「距離」、これこそが精密な観察による「擬視」という行為を生み、あらゆるものが「科学」の名のもとに対象物（オブジェクト）として観察され分類ラベルを貼られていくことになる。「つまり視覚こそはわれわれの感覚のなかで最も完全なものであり、われわれの触覚・嗅覚・味覚・あるいは世界は聴覚によって、世界をより確実に把握しうるという想定に。このように視覚的に構築された世界は、幾何学や数学に従順な一つの抽象であった」（『文学とテクノロジー』96頁）。

　これに対して、疎外されない理想の文化として描かれるのは「メセクシス（参加）」の文化である。それは技芸・意匠・遊戯などが重視され、また舞踏への参加にも似た共同体的な体験、参加、共感的意識、感情移入が可能となる世界である。理想モデルのひとつは古代ギリシアであり、もうひとつは近代批判としての（モダンアート、カウンター・カルチャー、サイケデリック文化が登場する）現代である。

　サイファーの議論は一見、ロマン主義的かつ神秘主義的である。しかし、今日の視点からサイファーの語りが興味深いのは、近代の飼い慣らされた視覚的感覚やメディア感覚に対するその異議申し立て論である。本書では、パーソナル・メディア経験の解読を通じて、メディアのなかにある、モダーンな制度的

な世界に"馴致"されない〈感覚のフォーマット〉形成の可能性や，可能だと錯覚させる"幻惑力"を探求してきた。メディア文化の社会学の主題は，メディアの"野生"を発見するというフレームからメディア経験を解読することだからである。本書が，美しいコミュニケーションやコミュニティという説明フレームからメディア空間を解読しないのもそのためである。この点では本書は，高山宏が繰り返し焦点化してきた，怪物・畸型・幻想・グロテスクなどを素材に"驚異"を主題化する「マニエリスム」といわれる文化論のフレームをメディア空間に援用している。

● メール・メディア論への補助線：いのちの電話とレターカウンセリング

本書で取り扱ってきたメールというメディア行為は，メディア論としてはほとんど焦点化されおらず，説明フレームが立てにくい主題である。メールの説明においては，日常用語のレベルでの「癒し」や「セラピー」「承認」という語を使うことで，たしかに"誰にも"わかりやすく共感されてしまう。それは，メディアを通じて癒されるという私的メディア経験が，世代を超えて幅広く共有されていることをも意味する。この「癒し」や「セラピー」の説明のための補助線として，パソコン通信やインターネットが普及する前夜に，第三者を結節させメッセージの交換が人の人生を支える力となった「いのちの電話」や「レターカウンセリング」は興味深い事例となる。メディア理論として洗練されていないが，そのメディアをめぐる語りは注目に値する。

「いのちの電話」は，声によるカウンセリングとして知られている。1977年に結成された「日本いのちの電話連盟」は全国に「いのちの電話」を誕生させ，24時間体制で悩み相談を受けてきた。「いのちの電話」の特質は，ボランティア相談員による，「およそ善意ある人々が，他者のために惜しげもなくその時間と労力を捧げて行う活動」（日本いのちの電話連盟『電話による援助活動』1頁）である。また，「いのちの電話は，電話をとおしての対話による愛の人間性回復運動であり，人に生きる希望を与える運動」であるという。そして，興味深いのは，電話ボランティアは厳しい訓練を受けるのだが，その姿勢・関わり方（コミットメント）についての考え方である。「いのちの電話」は，解決を与えたり説得したりするのではなく，「忍耐強くかけ手の気持ちを聴き，そ

の苦しみを分かちあう"聴きとり"によってかけ手を冷静な心理状態に導き，みずから解決方法を見いださせることこそ，根本的な解決へとつながっていくものです」（日本いのちの電話連盟，前掲書，2～3頁）という姿勢をとっている。また，家族の団らんや井戸端会議に代わる「情緒的なコミュニケーション」のメディアとして電話を位置づけていることも興味深い。

　これに対して「レターカウンセリング」は，いわば文字によるカウンセリングである。八巻香織の『手紙でしか言えなかった』（1998）は，「レターカウンセリング」を紹介した貴重な物語である。「思春期相談室ティーンズポスト」を主宰する八巻は，「レターカウンセリングは，相談者がこころの奥にしまってきた深い哀しみを書いて書いて書き尽くすことで，自分自身の力で，それを経験に深めていく。相談者が長い間封じ込めてきた哀しみを表して，自分のものとして受け容れ，自分で自分を癒していくとき，そのプロセスが自分自身を信じる自己信頼となっていくのだ」（『手紙でしか言えなかった』17頁）と語る。

　「子供と同じ地平に立つ」「オルタナティブな場所を求めて」という八巻の語りは，電話カウンセリングにも，またメール交換とも重なり合う特性である。また八巻の，「たとえ十数年の歴史とはいえ，かけがえのない1人ひとりの物語なのだ」という捉え方は，まさしく「物語としての人生」パラダイムそのものである。そして「無条件で受け容れる」という新しい関係性についての考え方は，メール交換のなかでの無限抱擁の特性とも共通する。メール交換というのは，対面配置での親密性への欲望が背後にあったとしても，文字のレベルでは，相手を指弾する関係でなく，限りなく"寄り添い"，"受け容れる"関係であるかぎりで続いていく。

　電話カウンセリングの，相手の悩みを分かち合う一方的な聴きとりや，手紙カウンセリングの「他者が語る物語を無条件で受け容れる」という関与の仕方，そうした関与によって微妙に成立するコミュニケーションの"ような"景観，これらは，メール交換の特性理解への強力な補助線となる。

● 〈自己語り〉文化への補助線：交換日記・日記・自分史・ストーリーテリング

　メール文化を理解するもうひとつの補助線は，交換日記・日記・自分史など

の"自己語り"メディア行為である。私的エクリチュール（文字化すること）文化といってもよい。

『交換日記』という希有な本を書いた本田和子は，交換日記という少女たちの秘密のプレイランドを対象に，書く共同体の成立について次のように語っている。「書かれた言葉は，発語される言葉のように，声が届くという形で公の空間内に漂って行くことをせず，それを手に取って読むものの前にしか意味を開示しないという特性をもっている。それゆえに私的に文書が交換される際には，往々にして，交換される者たちだけの間のことがらという閉じられた関係が出来上がるものである」（『交換日記』11頁）。

教師と子供との間に，また同級の友人との間で，「2人だけの秘密の大人—子供関係」が，「文書共同体という秘密結社」が形成され，「結社の同士としてその秘密を共有」する。交換日記空間は，先生・生徒という制度関係の外，生徒と生徒という制度関係の外に成立するメディア空間である。まさしく，制度空間と非制度空間という二重空間での空間関係が成立し，多モードのコミュニケーションが展開される。この空間関係は，まさしく，ネット空間が引き起こしている空間関係と同型の構造である。

日記の本も多くはない。B.ディディエは，『日記論』のなかで，自我の分裂とエクリチュールの関係について「日記は偽りの鏡である」という興味深い指摘をしている。「たしかに，自我の分裂は日記をつける人たちによって最も頻繁に，かつ，あまねく確認されている現象である。しかし自我の分裂は様々な形態をとる。最も基本的であきらかな形態は，エクリチュールという事実そのものに由来する。日記作者は2人だ。1人は行動する者であり，もう1人は自分が行動するのを見，書く者である。……日記のなかで常に根本的なのは，作者がいつでも自分の言説の主体であり同時に客体であるということだ。……いっぽう語られた自我は，もしこう言ってよければ（なぜならこうした仮面遊戯のなかで何が現実なのかわかりはしないから），『現実』の個人とまったくちがう。したがって日記作者は1人の人物を二様に作りだす。……この遊戯になんらかの悦楽が伴わないことはまれである。……自分自身が自分自身について語る不思議な楽しみ……」（『日記論』149頁）。

自我の分裂論は，本書が依拠している説明フレームではないが，「自己が自

己を語る悦楽」といういわば仮面遊戯のような悦楽についての指摘は,「自己語りの文化」説明の補助線となる。ディディエの『日記論』は,いわば電子エクリチュールを通じた交換日記ともいうべきメール交換が,コミュニケーションの姿をとったひとつの自己語り文化の発現であることを照らし出してくれる。

また,交換日記・日記と関連したメディア行為としての「自分史」というメディア行為も同様に示唆を含んでいる。私たちが言語的なあるいはイメージ的なシンボル記号を通じて自分というものを語る強い欲望をもっていることを示唆してくれるのは,自分史ブームであり,また生活記録のインタビューに応じるというメディア行為の存在である。社会学には,人びとの主観的現実（リアリティ）を再構築し,内在的な理解・再解釈を試みる技法として,生活史・ライフヒストリーという方法がある。メディア文化という視点から興味深いのは,口述を記録するインタビュアーや研究者の物語ではなく,そうした口述を通じて自分を語り,文字にしてもらう欲望や感覚のフレームのほうである。

生活史研究の方法論の旗手である K.プラマーは,『セクシュアル・ストーリーの時代』というメディア論としても興味深い名著のなかで,私的な経験の語りの意味について次のように述べる。「個人的な経験のナラティブは,その人のもっとも親密な体験の周辺で構成される。……ここで論じようとするセクシュアル・ストーリーは,個人的なナラティブであり,毎日の活動と日常生活の戦略（ストラテジー）のなかに社会的に埋め込まれている。……個人的なナラティブ……これらは,……自分の生活のなかで,語られたストーリーである。……私の関心は,自分の親密な生活を,それについての自分のストーリーをとおして把握しようとする人びとの声にある」(『セクシュアル・ストーリーの時代』30〜32頁)。

個人的なナラティブ,ストーリー・テリングという概念フレームからみれば,メールとは,"自分の親密な生活"を,自己のストーリーを,テリングする行為である。プラマーがいみじくも気がついているように,語ることは社会的行為なのであるという意味で,メールを書く,メールを交換するということは,すぐれてメディア行為である。しかも,メールによる自己ストーリーの語りは,完成された伝記ではなく,日々日常生活の実践として繰り広げられていく実践的行為としての語りである。

ただ，それでも，プラマーらの生活史研究は，対面配置を前提とした語りへの着目に終始してきた。今，メディア社会のなかで，私たちが"日常的経験"として手に入れているのは，テレ・プレゼンスな相手，しかも，外見を知らない，非制度的関係の他者に向けてのストーリー・テリングの悦楽である。反転した視点からみれば，生活史パラダイムは，①「人が飽くことなく自己を語る動物である」こと，そして②「リアリティは人の主観のなかで形成されること」を暴露してしまった。

交換日記，日記，生活史，ストーリー・テリングは，それぞれ重なり合いつつ，微妙に異なる。しかし，"自己語りの悦楽"は，舞台をCMC空間に移動させながら，よりいっそう拡張させつつあることだけは確かなのであり，その拡張の戦線にメール交換文化があるのである。本書では，こうした自己語りに焦点を当てる研究が明らかにしてしまった自己語りへの飽くなき欲望に注目するという目線から，これら自己語りに関わる研究や語りを総称して，「自己物語パラダイム」（パラダイムとは，共通の見方・視点・フレーム・概念群である）という言葉で理解している。

● メディア自己論への補助線：メディア版自己

本書では，分裂自己という説明フレームを採用していない。ただ，メディア空間のなかには，メディアという衣を被った自己が容易に成立する。そこでは，もうひとつの人生のドラマを生きる空間としてのメディア空間が成立している。「メールだと素直になれる」とか，「メディアのなかのトランス・ジェンダー」（いわゆるネットオカマの可能性）という問題は，そうしたメディア空間というもうひとつの生きる空間での，私たちのもうひとつの振る舞いの可能性を示している。しかも，それは，遊戯的であるというよりも，真摯な態度としても成立する。

ただ，これが「自己の自己に対する断裂」（大澤真幸）を強調したり，「メディア化された自己」（成田康昭）をことさら強調する"分裂自己論"といえるものなのか，振る舞い方，つまり自己呈示（プレゼンテーション）のヴァージョンの次元なのかという問題はまだ未決の主題である。本書では，キーホルダー（自己の統一感）とキー（多ヴァージョン自己）というイメージをベースに

論を展開している。「自己物語」という説明フレームも，物語る"自己"というキーホルダーを措定しているからである。

その上で，メディア空間が，メディアの"惑乱装置の力"で，多様で多ヴァージョンな自己の構築を可能にするという立場に立っている。その惑乱する力があるからこそ，メディア空間は，人を制度的重さから解放する代替空間たりえるのである。そして，「メディアの衣を被った自己」＝「メディア版自己の構築」という説明フレームを適用すれば，電話空間も，CMC空間も，ゲームというメディア行為も，メディア経験として"連続的"に説明することができる。

その際に留意点が一点ある。それは，現実と思われている世界の自己もまた多ヴァージョン性をもっていることである。身体的現前の世界が，本当の現実だというのは，それ自体ひとつのフィクションである。「メディア版自己」を見つめる，制度空間の側のワタシもまた，素では自分を表現してはいないのである。こうした「多ヴァージョン自己の構築」という着眼点にとって示唆的なのが，片桐の「自己の構築主義」が参照しているK.ガーゲンやV.バーらの心理学的構築主義の言説である。バーは，『社会的構築主義への招待』のなかで，次のように構築主義的な多ヴァージョン自己の可能性を語る。

「むしろわれわれという人を，社会的な出会いや関係の所産として1つつまり社会的に構築されたものとして，見ることができるのだった。……そこで，単一の，統合された固定的な自己をもつ人びとの代わりに，おそらくわれわれは，断片化されていて，お互いに必ずしも調和しない，多数の潜在的な自己をもつのだ。状況から状況への変化して，いつも動いている自己とは，恒常的な不変のパーソナリティという伝統的な見方と対照をなしている」(『社会的構築主義の招待』45頁)。8章のはじめに紹介したプロテウス的人間像がここでも顔を出す。

ただ，本書は構築主義にみられる軽やかに分化している自己像をそのまま受けいれているのではなく，「構築する自己」というフィクション性の部分を援用している。自己構築が容易な〈制限メディア〉を用いることで，代替可能な〈メディア・パートナー〉をアイテムとして，"自己都合的に"社会的状況を次々に構築していくような"自己語り人間"を措定している。

参考・参照文献

会津　泉『進化するネットワーク』NTT出版　1994
赤木昭夫『インターネット社会論』岩波書店　1996
赤間啓之『分裂する現実』日本放送出版協会　1997
H.イニス　久保秀幹（訳）『メディアの文明史』新曜社　1987（原書1951）
I.イリイチ　岡部佳世（訳）『テクストのぶどう畑で』法政大学出版局　1996（原書1993）
M.エスリン　黒川欣映（訳）『テレビ時代』国文社　1986（原書1982）
大澤真幸『電子メディア論』新曜社　1995
大林信治ほか『視覚と近代』名古屋大学出版会　1999
W.オング　桜井直文ほか（訳）『声の文化と文字の文化』藤原書店　1991（原書1982）
K.ガーゲンほか　野口裕二ほか（訳）『ナラティブ・セラピー』金剛出版　1997（原書1992）
川田順造『声』筑摩書房　1988
A.クレーヴィチ　川端香男里ほか（訳）『中世文化のカテゴリー』岩波書店　1999（原書1984）
J.クレーリー　遠藤知巳（訳）『観察者の系譜』十月社　1997（原書1990）
小林修一『メディア人間のトポロジー』北樹出版　1997
小林多寿子『物語られる「人生」』学陽書房　1997
斉藤嘉博『メディアの技術史』東京電気大学出版局　1999
W.サイファー　河村錠一郎（訳）『ルネサンス様式の四段階』河出書房新社　1976（原書1954）
W.サイファー　河村錠一郎（訳）『ロココからキュビズムへ』河出書房新社　1988（原書1960）
W.サイファー　河村錠一郎（訳）『自我の喪失』河出書房新社　1971（原書1962）
W.サイファー　野島秀勝（訳）『文学とテクノロジー』研究社　1972（原書1968）
I.シャルチエ　福井憲彦（訳）『読書の文化史』新曜社　1992（原書1980）
S.ストーン　半田智久ほか（訳）『電子メディア時代の多重人格』新曜社　1999（原書1995）
高山　宏『目の中の劇場』青土社　1985
高山　宏『綺想の饗宴』青土社　1999
竹内郁郎ほか『メディア・コミュニケーション論』北樹出版　1998
S.タークル　日暮雅通（訳）『接続された心』早川書房　1998（原書1995）
B.ディディエ　西川長夫・後平　隆（訳）『日記論』松籟社　1987（原書1976）
中村秀之「映像の野性を解き放つ」大田省一（編著）『分析・現代社会』八千代出版　1997
成田康昭『メディア空間文化論』有信堂　1997
日本いのちの電話連盟（編）『電話による援助活動――いのちの電話の理論と実際』1986
V.バー　田中一彦（訳）『社会的構築主義への招待』川島書店　1997（原書1995）
蓮實重彦『リミュエール元年』筑摩書房　1995

R.バルト　花輪　光（訳）『言語のざわめき』みすず書房　1987（原書1984）
K.プラマー　原田勝弘ほか（訳）『生活記録の社会学』光生館　1991（原書1983）
K.プラマー　桜井　厚ほか（訳）『セクシュアル・ストーリーの時代』新曜社　1998（原書1995）
W.ベンヤミン　高木久雄・高原宏平（訳）『複製技術時代の芸術』晶文社　1970（原書1935）
M.ポスター　室井　尚ほか（訳）『情報様式論』岩波書店　1991（原書1990）
本田和子『交換日記』岩波書店　1996
M.マクルーハン　森　常治（訳）『グーテンベルクの銀河系』1986（原書1962）
M.マクルーハン　栗原裕ほか（訳）『メディア論』みすず書房　1987（原書1964）
M.マクルーハン　井坂　学（訳）『機会の花嫁』竹内書店新社　1991（原書1967）
M.マクルーハン　南　博（訳）『メディアはマッサージである』河出書房新社　1995（原書1967）
水越　伸『メディアの生成』同文館　1993
水越　伸『デジタル・メディア社会』岩波書店　1999
M.ミルネール　川口顕弘ほか（訳）『ファンタスマゴリア』ありな書房　1994（原書1982）
八巻香織『手紙でしか言えなかった』新水社　1998
吉見俊哉『声の資本主義』講談社　1995

9章 メディアの歴史とメディアの理論　189

― coffee break ―

■ 情報リテラシーとメディア・リテラシー ■

● **情報リテラシーの前史**

　新しいメディアが社会のなかで支配的な地位を確保しようとする新旧メディアの"境界期"では、いつも、メディアとは何か、情報リテラシーとは何かが自問される。90年代半ばの今日も、まさにそうしたメディアそのものの特性や文法が問い直されている時期といえよう。

　さて、メディア史の教科書をひもとけば、すぐに明らかになることだが、「リテラシー」が盛んに語られたのは、18世紀から19世紀かけて、新聞が大衆化していく時期であった。イギリスのコーヒーハウスに見られる読み・語る情報サロンは、18世紀には労働者が新聞を読み・朗読し・討議するという都市大衆文化の風景へと拡張された。この時の「リテラシー」は、「教養・教育」があって「読み書きの能力（つまり識字）」があることを意味していた。つまりそれは、当時の支配的メディアである活字文化への能動的関与の能力のことであった。

　こうした読み書きの能力という古典的リテラシー概念を、電子メディア時代の今日に勘案して定義すれば、さしずめ「情報リテラシー」は、「コンピュータや情報機器、あるいは情報ネットワークに対する識字・関与能力、つまり、情報機器を使いこなす能力」ということになる。しかしこれは、あまりにも表層的な定義である。

　私たちの情報メディア接触は、もっと拡張してきているのである。例えば、パソコン通信やインターネットの実際の利用に見られる饒舌な語りの文化。電話利用における道具的（instrumetal）な使われ方から遊戯的（consumatory）な使われ方への変化。ポケベル・携帯電話、さらには伝言ダイヤルからダイヤルQ^2などの多様な電話系サービスの人気。そして通信カラオケからテレビゲームに至る情報家電系ツールの生活内化。社会学的なメディア研究の視点からは、こうしたメディア経験の多様化・深化を包摂する「情報リテラシー」概念の構築が求められている。

　具体的に言えば、多様なメディア接触が投げかけている、(1)私たちの身体感覚の編成の問題、(2)リアリティ構成の問題、(3)自己実現の問題を視野に入れた上で「情報リテラシー」を定義する必要がある。

● **マクルーハンとコンピュータというメディア**

　「情報リテラシー」を社会学的に考えるためには、19世紀の写真・映画・蓄音機・電信・電話などの複製技術革命の文明史的意味を勘案しながら、今日の電子メディア文化を位置づける必要がある。その意味では、メディアの予言者、マーシャル・マクルーハ

ン言説は，啓示的ではあるが今日も輝きを失ってはいない。

彼の有名な「メディアはメッセージである」という格言が意味しているのは，メディアが人々の「感覚生活を再編成する（reorganized the sense of people）」あるいは「感覚生活の拡張（extension）」を促すということである。また彼は，メディア受容者による参与性（participation）・補完性（completion）があるかないかを軸に「クールなメディア」と「ホットなメディア」の分類を行ったことでも知られている（マクルーハン，1964）。

マクルーハン自身の言説は，あいまいで文学的な修辞に満ちているが，にもかかわらずこうした格言が今日も色あせて見えないのは，彼が，"メディアの「文法」"に極めて自覚的であったからである。メディアが「感覚生活を再編成する」という彼の言説は，私たちが素朴に「現実だ」と思っている世界は，実は情報メディアというものの持つ固有の「文法」にもとづいて感覚された情報的現実であることを語っている。現実は，メディアによって構成される。逆にいえば，情報メディアは，「固有の現実構成の文法」（メディアのフレーム）を持っている。肉眼は肉眼というメディアの文法で，テレビはテレビの文法で現実を構成するのである。メディアの現実構成の文法を自覚していたという点では同時期に『幻影の時代（The Image）』を著したブーアスティンも評価したい。

メディアと私たちの関わりに関して，社会学のメディア研究の領域では，「メディア接触」「メディア体験」「メディア経験」「メディア行為者」「メディア空間」「メディア文化」といった用語群が成立してきている。情報メディアとの身体的接触をメディア体験，そうした体験が含んでいる感受性・感覚・知覚体験がメディア経験であり，メディア文化は，「都市型社会において成立する擬制的なものとして構成される情報的現実世界」（加藤晴明「情報的現実としての"地域"」『社会と情報2』東信堂　1997）である。情報社会は，情報的現実，例えばテレビ的現実を始めとする多様なメディア的現実が多重に成立する社会である。情報化とは，この情報的現実の構成としての擬制性が社会の中心に居座ってくることである。この"擬制性"（artificialness）こそ，今日の情報化現象を理解するキーワードであることに留意したい。

● **若者文化の登場と情報リテラシー**

「情報リテラシー」を考えるには，以上で述べたメディアによる情報的現実構成とそこでのメディア利用者の能動性・自律性から出発する必要がある。情報環境論として提起された70年代以降の若者文化論は，この30年あまりの日本の文化変容を〈疑似環境化＝情報環境化〉として位置づけ，そうした環境化し情報化する情報的世界との意味的相互作用する主体の析出を試みてきた。70年代以降の日本が「虚構」の時代と揶揄される所以でもある。

そうした議論の中では，純文学に対する漫画，クラシック音楽に対するロック音楽とノリの文化，そしてポスター，ラジカセ・ステレオによって構成された個室空間のなか

で暮らす「情報感度」「意味感度」豊かな若者の姿が描かれた。それは〈文字・活字のリテラシー〉を超える口承文化の電子時代的復活としての〈視覚・聴覚的リテラシー〉を持った「情報の主人公」の姿でもあった。

「感覚情報の大開発がはじまった。……この五感を通じて，現実の世界とはべつの世界をつくっているということなんですね」(梅棹忠夫『情報の文明学』中央公論社　1988)。1960年代は，「文字の〈リテラシィ〉の優越を脅かす，ラジオ，テレビ，漫画，音響装置，イラスト，グラビア等の，映像と音楽の媒体が相次いで登場した時代でもある」(中野収『現代人の情報行動』日本放送出版協会　1980)。

こうした〈視覚・聴覚的＝感覚的リテラシー〉への転換は，日本が都市型社会として再編される時期と重なり合う(注：都市型社会への「移行」は農村人口が30％を割ること，「成立」は10％を割ることが数量的な指標とされている)。それは，大都市に住んでいるか，農村地域に住んでいるかに関係なく，私たちの日常生活全域が，擬制的・人工的・情報的な環境との相互作用，とりわけ意味的な相互作用によって成立する社会の到来を告げている。都市型社会では，モノや空間，さらには身体が饒舌に意味を語る。それ故，都市空間には，自分なりに意味を読み取ることのできる無限ともいえ多様な情報が溢れているのであり，それが都市の魅力（＝人はなぜ都市に魅せられるのか）の所以でもある。そして都市空間を生きる人々にとって求められる「情報リテラシー」は，人工的な環境に包まれた都市型社会で，そうした環境世界の饒舌な意味を読み取っていく，対象空間を自己の意味世界への変換する意味変換能力である。

● **電子空間のなかで自己を語る文化＝90年代の情報リテラシー**

80年代半ばからの10年。「情報リテラシー」が準拠しなりればならない社会の姿は，さらに新しい段階を迎えている。〈コンピュータのメディア化〉と〈メディアのパーソナル化〉の二重の進展である。もちろん，その背後にある電気通信をめぐる規制緩和を始めとする法制度的，産業的変化も見逃せない。しかし，社会学的に重要な点は，擬制化する文化に，さらに電子空間という質的に新しい擬制化の文法が付け加わったことである。それは，マスメディア情報や空間情報を解読するという意味でのメディア文化ではない。従来の行為者のもつ身体的・フィジカルな要素が極小化し，相同化し，〈メディア行為者〉として，直接的に情報（この場合直接的に文字テキストや音声・画像などの情報）を生産し，表出するメディア文化の地平が拓けたのである。つまり発信者・事業者として電子的情報空間構成に参画していく主体（「情報の主人公」）が登場する。

こうした電子メディア文化の登場は，〈メディアのパーソナル化〉と情報通信サービスの多様化を契機に，①ディスプレイと向かい合うという〈ディスプレイメディア経験〉の次元において，また，有線・無線を問わず電話・通信回線で人々が結びつくという〈オンラインメディア経験〉の次元で，さらに②指などで操作するインターフェース機器の

背後にある記号処理機器との対話という次元で，新しいメディア経験や新しいコミュニケーションの世界を生み落としてきた。

　情報科学的な視点から厳密に定義すれば，電子メディアの登場を，「文字・音声・画像などのメディアを統合的に処理すること」や，双方向型情報処理やコンピュータを媒介したコミュニケーション（CMC）の世界的規模でグローバルな展開として定義できよう。しかし，社会学的なメディア文化論の視点からすれば，そうした各種の電子メディアが作り出す，固有の現実構成の文法とそれに従ってメディアを使用し享受する私たちの消費文化の姿こそが情報化の風景である。情報環境論が提起した疑似化・記号化・虚構化・仮想化の延長に，大衆文化の質の変容がいっそう複雑に深化し続けている事態が，90年代の"新しさ"なのである。

　例えば，パソコン通信というテキスト通信のシステムは，電気的複製メディアの系統樹の中では，電話文化ともいうべきオンラインメディア経験の分化の一形態である。メディアとしては，インターネットのような画像・音声・映像も包み込んだという意味でのマルチ情報メディアに比べれば，シンプルなメディアである。この原始的ともいうべきパソコン通信は，私たちに「情報リテラシー」を考える大きなヒントを与えてくれる。

　パソコン通信のメディア特性は，なによりも蓄積機能を利用した時間差のメッセージ交換である。そこでは，テキスト（いわゆるワープロ文書）として表現された利用者のメッセージの掲示による電子社交場が形成される。電子テキスト通信という制限メディアでありながら，テキスト・コミュニケーションが，延々と繰り広げられていく。パソコン通信に対しては，新しい電子コミュニティや電子公共社会形成を期待する立場もあるが，むしろ，戦術的な言葉のかけあいというコミュニケーションそれ自体を楽しむ遊戯的文化，身体性・フィジカルの側面を極小化する〈メディア行為〉によって，純粋にコミュニケーションそのものの中に身を置くことを楽しむ文化の深化にこそ着目したい。

　パソコン通信の利用・満足特性としては，①出会い，②当事者性，③コミュニケーションの自己目的化の3つが指摘できる。とりわけ，これらを総合する特性として，自己語り・表現・自己呈示＝プレゼンテーションが重要である。

● "語る文化"とメディア・リテラシー

　パソコン通信に始まる，誰もが編集者による規制を受けないで自己呈示できる文化は，電子空間のなかでの饒舌な語りの文化を生み出した。若者文化論・情報環境論が開示した，モノや空間と意味のやりとりをする「創造的受け手」に加えて，より直接的な「情報の主人公」が登場したのである。

　パソコン通信という，ある意味ではささやかな情報メディアによって，私たちは，自己の物語を自分で語りそれを出版・流通する装置を手に入れた。パソコン通信の，延々と続くメッセージ，インターネットの個人ホームページ，これらは，そうしたメディア

の中に体現される表出・自己呈示の欲望の発露を意味する。そして,これらの表出活動は,他者に向けての発話であると同時に,自己に向けての発話でもある。利用者は,語ることで自己を構築しているように見える。こうしたモノローグ的なコミュニケーション構造や,自己との対話は,特殊な文化ではない。

社会学者の井上俊は「物語としての人生」という視点から次のような指摘をする。「私たちの人生は一種のディスコースであり,ディスコースとしてコミュニケーションの過程を浮遊している」(井上俊「うその社会的効用」木下冨雄・吉田民人編 『記号と情報の行動科学』福村出版 1994)。私たちは,「人生の物語を語らねばならないの」であり,「自分の物語を他者に向かって語りかけざるをえない」。こうした「物語としての人生」という視点は,パソコン通信での饒舌文化やインターネットの自己紹介文化にもそのまま当てはまる。パソコン通信に限らず,おしゃべり道具として使われるようになった電話,そしてカラオケも,テレビゲームも,演技的な空間における自己像を構築するための語りのメディア文化として位置づけ直すことができる。都市型社会においては,人は,擬制的な空間の中で,自己を演じ,自己を語ることで自己を構築し続けざるを得ないのである。

思えば,人は,象徴世界をもつことで,具体的には"ことば"というメディアをもつことで自然も含めてあらゆる対象を分節化し再構成し擬制化してきた。これは,文化をもった動物としての人間の運命である。

では,こうした擬制性を軸に展開する都市型社会の成熟の新しい段階で,物理的空間の拘束を極小化して成立する電子空間の中で求められてくる「情報の主人公」の能力としての「情報リテラシー」とは何か。

答えは,「情報リテラシー」を「メディア・リテラシー」として捉え返すことにある。この「メディア・リテラシー」には,「メディアの固有の現実構成の文法を了解しつつ,自己呈示を演出しえる力量」という定義を与えたい。「メディア・リテラシー」には,2つの重要な要素があると考えられる。「プレゼンテーション (presentaion)」と「トランジション (transition)」である。「トランジション」(厳密には,「メディア・トラジション」)は,メディア空間と生活空間(厳密には,生活空間もメディア空間であるが)を行き来する力量であると同時に,多様な情報メディア空間の間を行き来する能力でもある。繰り返して言えば,メディア空間の中の擬制的リアリティ構成の文法を暗黙裡に了解し,使い分ける能力のことである。そして,「それぞれのメディア空間で,メディア特性に応じて,自己を演出して呈示する能力」が「メディア・プレゼンテーション」である。

「トランジション」能力を考える上では,大衆的な電子文化の一翼を担うテレビゲーム経験が示唆的である。テレビゲームに対しては,すぐにオタク化の危惧が語られる。

しかし私たちの調査によれば，普通の子供・若者は，暗黙裡にゲームの世界と生活世界を往来する。圧倒的に多くの場合には，「トランジション」としての「情報リテラシー」が極めて自然に成立している。

いま，情報社会の教育も含めて問われているのは，こうした多様なメディア空間の世界を切り替えていく能力である。こうした切り替え能力としての「メディア・リテラシー」は，メディア空間のもつ擬制性への暗黙裡の了解の上に成り立つ。そして，そうした了解の上に，プレゼンテーション欲求が花開くのである。情報教育という視点からも，改めてメディアの現実構成の文法を了解し使い分けていく「メディア・リテラシー」を身体化させる実践的なメディア経験の重要性を提起したい。

※初出 『財団法人情報処理研修助成財団　機関誌　84』1996年5月号　情報処理研修助成財団

あ と が き

　自分のために本当に使いやすい教科書をつくるという作業は，思いのほか難題であった。途中に，大学の紀要を中心に論文スタイルのインターネット論やゲーム論を書きながら，それをかみ砕いて自分なりに語るというパラレルな作業を進めることになり当初の倍の時間を要してしまった。また，一見，軽く"危うく"みえる風俗的な素材を，メディア研究としてまともに取り扱うにはどう主題化したらよいのかという点もかなり格闘させられた。
　年齢を重ね，自分の生活空間や研究空間の"現場"を重視するこうした研究スタンスを考える時に，今さらながらに受け継いだものの大きさを思い知らされるのは，法政大学大学院以来の恩師である北川隆吉先生である。大学院時代，そして名古屋に来て以来約20数年間の先生の指導・叱責は，常に，単なる制度や数字ではなく，取材対象者と語り合うなかから泥臭くつかみ取る"現場の空気"や"手ざわり"の重要性や，"借りものではない，自分の生活者としての感受性にもとづく言葉"の大切さの指摘だったように思う。先生のこうした"ほんもの"観こそが，私にとっての「北川社会学」であった。
　私の研究対象の転進や，学問的な"独り立ち願望"のわがままから最近はあえて「社会」を正面に据えることがなく，先生と共同研究することも久しくなくなってしまった。しかし今自信をもって〈私的メディア経験論〉に没頭できるのは，先立つ研究調査において，自治体情報政策，地域情報化，情報制度研究を比較的早い段階から長期にわたって取り組んできた"自負"があるからである。地域やコミュニティという社会学者を"幻惑"してやまない言葉に何の負い目も共感もなくパーソナル・メディアを〈綺想〉（きそう）ともいえる視線から論じることができたのは，そうした社会的視点からのフィールドワークを経てきた"自負"あればこそである。この点でも東京自治問題研究所等を拠点にした幾つもの地域・組織・政策・制度をめぐる調査研究の機会を与えてくれた北川先生への感謝は尽きない。
　本書の背後には，もうひとつ関西圏の中堅や若手のマスコミ・メディア研究

者たちとの交流がある。北村日出夫先生はじめ小川博司氏，小田原敏氏，岡田朋之氏らが中心となって上演してくれている関西大学を舞台とした「マスコミ・フォーラム」研究会の場は，"東京に憧れることなく"自分の言葉で文化研究とメディア研究の接合を考えていく上での収穫多い場となった。また，たまに研究会に顔を出される井上俊先生も，私にとって文化研究の学問上の師であると"勝手に"思っている。「マスコミ研究がすぐれた成果をあげている時は，社会学理論の適用がある時です」と，おだやかにしかし確信をもっておっしゃる先生の"しなやかに横穴をあける"ような学問気風は，文化研究に疎い私がいつも参考にさせていただいた知の技法である。本書が「自己物語」というパラダイムを多用したのも，「井上社会学」の私なりの適用にすぎない。

また自己論の視点から論じることができたのは片桐雅隆氏（元中京大学社会学部，現静岡大学）との学問的かつ私的な交流のおかげである。物語や自己をめぐる，井上先生や片桐氏との接点がなければ，この本の説明フレームは生まれなかったといってもよい。その意味では2人に接することのできた名古屋という"恵まれた"位置に感謝したい。

また本書にはもうひとりの恩人が隠されている。法政大学の政治学科に在籍中に私の研究活動の出発の場となった「法政大学政治思想研究会」の顧問をしておられた松下圭一先生である。本書がことさら「都市型社会の成熟」を意識しているのは，「松下政治学」の歴史認識を踏襲しているからである。市民派都市政治学と自治体改革の旗手である先生の著書，とりわけ『政策型思考と政治』（東京大学出版会，1991）はいつも私が立ち返る歴史認識書である。ある意味でメディアの風俗的な文化研究は，成熟する都市型社会を裏面から浮かび上がらせようという試みであり，また東海地方のあまりに実利主義的な自治体情報政策の現場に辟易した末の戦略転換でもあった。

最後に，構想から2年間，1年遅れの出版となってしまったが，息ながく本書の完成に付き合ってくれた福村出版編集部に感謝したい。初めての単著を通じて，自己語り装置が蔓延する社会における，プロの編集者の目や仕事の重要性を改めて考えさせられた作業であった。

またポケベル世代である中京大学社会学部2年の山岸七苗さんには，本書全体をポケベル・メルトモ世代の目線からチェックし批評していただいた。記し

てお礼のことばとしたい。

　私のパーソナル・メディア経験論は，まだ大きな主題を語ってはいない。映像経験，スクリーン経験をめぐる旅である。魔術ランタンから始まる数百年に及ぶメディア経験への源流遡行を強いるような〈視覚メディア文化論〉という主題とクロスされることなしには，パーソナル・メディア経験の"謎"は解けないだろう。そんな主題発見を語ることで本書の結びとしたい。

　2001年2月

冬には南アルプスを望む豊田市の研究棟にて

加　藤　晴　明

人名索引

■ア行

会津　泉　39, 42
浅野智彦　91
アンリオ, J.　171
伊藤俊治　154
井上　俊　32, 171, 172, 193
今井賢一　43, 170
ヴィグル, E.　37
ウェッバー, M.　105
上野千鶴子　92, 168
ヴェブレン, S.　28
エスリン, M.　13, 14, 176
岡田朋之　73, 92
オング, W.　178, 179

■カ行

カイヨワ, R.　153, 170
ガーゲン, K.　186
片桐雅隆　172
金子郁容　43, 170
香山リカ　151
ガンパート, G.　65
清原慶子　20
グーテンベルク, J.G.　175
公文俊平　170
グレイ, I.　51
黒川紀章　86
黒崎政男　35
児島和人　18
ゴッフマン, E.　32, 33, 80, 97, 171

■サ行

サイファー, W.　64, 179, 180
堺屋太一　24
ジラール, R.　28
鈴木榮太郎　169
スタフォード, B.　149, 176
ゼルザー, D.　160

■タ行

高山　宏　181
ディディエ, B.　183
トフラー, A.　24
富田英典　66, 73, 78, 140
トールキン, J.R.R.　155

■ナ・ハ行

中野　収　35
中村秀之　175
ネイスビット, J.　24
野上俊夫　30
バー, V.　186
パーソンズ, T.　170
速水由紀子　87, 140, 169
ヒニイスペールト, A.　19
廣瀬通孝　160
ブーアスティン, D.　12, 13, 14
フィスク, J.　18
フィッシャー, C.　50, 116, 117
藤村　操　30
藤本憲一　73
ブラマー, K.　184
フロム, E.　32
ベル, A.G.　51
ベル, D.　24
ベンヤミン, W.　27, 176
ポスター, M.　178, 179
ホードリアール, J.　27
ホフマン, E.T.A.　156
ホール, S.　18
本田和子　183

■マ行

マクルーハン, M.　12, 52, 177, 178, 180, 189
正村俊之　34
松下圭一　25
松田裕之　54
松田美佐　92

マートン, R. 12
マルクス, K. 169
水越 伸 51
見田宗介 28
宮台真司 43, 73, 75, 99, 169
ミルネール, M. 156
森岡正博 121

■ヤ・ラ行

安川 一 161

八巻香織 182
山田登世子 62
吉見俊哉 34, 35, 50, 171
ライス, R.E. 16, 21
ラインゴールド, H. 24
ラザースフェルド, P. 12
リースマン, D. 33, 168
リップマン, W. 12

事項索引

■ア行

アイコンタクト(視線合一) 59, 115
アイデンティティ 32
アナザーコミュニティ 121
いたずら電話 68, 69, 70
一方向的コミュニケーション 59
移動体通信 82
井戸端会議 182
いのちの電話 181
居場所 81
イメージ・インリテラシー 149
イメージ構築 61
イメージの実体化 64
イメージの補完 61
イメージ・リテラシー 150, 176
イリンクス(めまい) 153, 171
印象操作 114, 142
インターアクティビティ(相互接続性) 16
インターネット 10, 16, 38, 39, 43, 52, 73, 75, 76, 77, 80, 81, 82, 84, 91, 93, 99, 100, 101, 103, 107, 108, 126, 135, 146, 152, 169, 177, 179
ヴァーチャル・リアリティ 29, 159, 160
ヴィジュアル性リアリティ 159
受け手(受容者) 14, 18, 19, 21
n 対 n 関係 75, 76
演 技 66
送り手 14
おしゃべり 56, 59, 62, 63, 94, 110, 134
おしゃべり電話 63

オタク 151
オーディエンス 14, 18, 19, 22, 107, 169
オフ会 109, 145
オフライン 65, 77, 106, 109
オフラインパーティ 145
オフライン・ミーティング 76
オンライン 65
オンライン経験 85
オンライン通信 101
オンラインメディア経験 191

■カ行

顔という牢獄 114
顔マーク 106
活字メディア 178
カラオケ 193
カラオケボックス 26
カルチュラル・スタディーズ 18, 21
感覚のフォーマット 33, 37, 62, 63, 78, 85, 107, 177, 179, 180
環境の情報化 25, 26, 33
関心のコミュニティ 105
機 縁 26, 116
記号化 27, 29, 30, 44, 192
記号化社会 27, 28
疑似イベント 12
疑似環境 12, 25, 26, 34, 151, 190
疑似現実 13
疑似親密性 74
擬制化 29, 30, 44, 193

擬制性　190, 193
擬制的　66
キャッチホン　67
共　在　57, 112, 119
極私的メディア行為　140
虚構性カルチャー　155
儀礼的コミュニケーション　57
空間間関係　119, 163
偶発的な接続　82
グラフィック革命　12, 34
掲示板　75, 103, 106, 111, 117, 139, 144, 145, 147
掲示板文化　42, 139
携帯情報端末　36, 37
携帯情報メディア　83, 84
携帯電話　22, 41, 43, 49, 50, 53, 58, 82, 83, 85, 87, 88, 94, 107, 189
携帯電話のマナー問題　85
携帯メディア　22, 36, 83, 87, 88
ケータイ　126
ケータイ文化　73, 106, 169
ケーブルテレビ　19, 20
ゲーム　11
ゲームボーイ　154
現実取り違え論　36
現前（プレゼンス）　101, 111, 114
現前空間　84
幻想文学　156
幻燈劇場（ファンタスマゴリア）　156, 176
COARA　108, 109, 113, 177
交換可能性感覚　78
交換日記　182, 183, 185
口誦－視覚文化　149
口承文化　178, 179
口誦文化　149
口承メディア　175, 178
構築主義　186
孤独な群衆　168
コネクティビティ(接続可能性)　74, 75, 116
コピー　12, 13, 176
コーヒーハウス　189
コミュニケーションの多重化・多元化　25, 26
コミュニケーション不全論　97, 151
コミュニケーション・メディア　50, 58, 82, 99
コミュニケーション・モード　90, 91, 92

コンサマトリー　11, 110
コンピュータ・コミュニケーション　49, 57, 100, 107, 177
コンピュータ社会　28
コンピュータ通信　10, 11
コンピュータ・パートナー　134
コンピュータ・リテラシー　97

■サ行

サイバー空間　26
サイバースペース　107
再－魔術化　150
ザッピング　17
CMC　49, 100, 103, 104, 105, 108, 109, 114, 115, 116, 118, 120, 126, 138, 142, 152, 162, 170, 177, 192
CMC空間　105, 118, 119, 120, 121, 127, 128, 132, 133, 137, 141, 142, 152, 163, 185
CMCメディア文化　101
視覚文化　150, 152
視覚メディア　10, 175
視覚メディア経験　176
視覚リテラシー　176
自己イメージ　32, 115, 172
自己イメージ指向的人間　66
自己拡張　146, 147
自己語り　122, 182, 183, 185, 192
自己語り人間　186
自己構築　186
自己構築装置　114
自己出版　164
自己都合型　100, 146
自己都合型コミットメント　49, 82, 92, 93, 122, 137, 163
自己都合型コミュニケーション　84, 93, 138
自己呈示　80, 97, 164, 192
自己の拡張　68, 122, 141, 162
自己の構築　173
自己の構築主義　172, 186
自己の情報化　9, 31, 32, 33, 171
自己の多元性　168
自己の内的拡張　112, 115
自己の肥大　87, 146
自己編集　46, 68, 76, 98, 99, 118

自己物語　49, 73, 81, 100, 117, 118, 140, 142, 164,
　　172, 173, 185
自己物語のリライト　81, 82, 118, 123
自己物語パラダイム　185
視線合一(アイコンタクト)　59, 115
ジッピング　17
私的エクリチュール　122
支配コード　18, 21
自分史　182, 184
社会関係の外的拡張　112
社会的コミュニケーション　37, 151
社会的敷居　80, 81
社会的想像力　50, 51, 52
社会的装置化　137, 139
社会ネットワーク　169
社交メディア　55
ジャーナリズム　21
主人公感覚　77, 78, 109, 153, 164
主人公願望　79, 81
主人公性　78, 164
受容者(受け手)　14, 15
受容理論　14, 18
情報縁　42, 43, 91, 92, 104, 116, 168
情報化　24, 26, 28
情報化社会　12
情報環境　34, 190
情報技術　10, 29
情報空間　34, 76, 77, 191
情報公開　38
情報社会　15, 22, 24, 25, 41, 42, 44, 73, 85, 86, 134,
　　190
情報社会論　24, 86
情報消費社会　27, 28, 30, 32, 44
情報提供　38
情報的現実　12, 13, 190
情報テクノロジー　20
情報内容模写論　36, 97, 151
情報ネットワーク社会　134
情報の環境化　34
情報の主人公　73, 93, 98, 99, 109, 117, 163, 192,
　　193
情報福祉　39
情報ボランティア　108
情報メディア　9, 11, 15, 35, 39, 41, 50, 76

情報メディアの環境化　34, 36
情報メディアのパーソナル化　36
情報様式論　179
情報リテラシー　189, 191, 192, 193
情報流　15, 16
女性交換手　54, 55
人生の敗者復活戦　82
身体の現前　116, 118, 119
親密性(モード)　74, 75, 76, 98, 136
スクリーン経験　85, 154
スクリーンとの対流関係　118
スタイル消費　46
ストーリーテリング　182, 184
スーパーマリオブラザース　11
生活史　184, 185
制限メディア　56, 58, 61, 67, 68, 75, 78, 114, 115,
　　141, 186
制度空間　121, 127, 183
制度的関係　172
制度的現実　80, 128, 147
制度的自己　111, 116, 119
制度的自己からの解放　116, 118
制度的社会空間　82
制度という牢獄　68
制約からの解放　111, 112, 118
接続可能性(コネクティビティ)　74, 75
選択縁　91, 92, 169
選択的コミットメント　91, 97, 99
相互接続性(インターアクティビティ)　16, 116
装身具(プロテーゼ)　36
双方向性コミュニケーション　16, 59

■タ行

対抗的コード　19
大衆社会　25, 113
大衆社会論　14
代替可能性感覚　78
代替可能な出会い　76
対面空間　128, 131
対面神話　128
対面世界　141
対面という牢獄　68
対面・日常・秩序　57
対面配置　114, 119, 123, 141, 175, 184

ダイヤルQ2　55, 73, 92, 144, 189
第四空間　99, 169
第四者　109, 140, 141, 169
タウン誌　20
他者の縮小　146
他者の背景化・アイテム化　141
多チャンネル　17, 19
脱工業化社会　25
他人指向型　33, 168
多メディア　17
地域情報社会　20
地域パソコンネット　20
地域メディア　19, 21
チャット(文化)　42, 101, 103
ツーショット　76, 78
ツーショットダイヤル　75
ディスプレイメディア経験　191
テキスト・コミュニケーション　192
テキスト通信　192
データベース　38, 41, 170
テレクラ　55, 73, 75, 78, 79, 92, 144
テレ・コミュニケーション　51, 52, 68, 101, 177
テレビゲーム　22, 49, 148, 150, 151, 152, 153, 154, 155, 156, 159, 161, 162, 163, 164, 176, 189, 193
テレ・プレゼンス　119
電気通信事業法　10, 53
電気的複製装置　51
伝言ダイヤル　55, 73, 75, 189
電子会議(室)　39, 104
電子空間　107
電子掲示板(文化)　39, 49, 65, 101
電子コミュニケーション　39, 41, 107, 179
電子コミュニティ　192
電子ネットワーク　42
電子メディア　22, 176, 178, 192
電子メディア経験　9, 22, 24, 26, 30, 167
電信電話公社(電電公社)　10
伝統指向型　33, 168
電話空間　26, 50, 61, 66, 84, 141, 173, 186
電話交換手　54, 55, 63
電話コミュニケーション　43, 50, 56, 57, 58, 59, 61, 66, 90
電話の暴力性　57

電話風俗　22, 43, 49, 55, 68, 73, 75, 76, 77, 78, 79, 80, 81, 82, 84, 92, 94, 99, 106, 107, 126, 137, 144, 179
電話メディア　50, 52, 53, 71, 94
当事者意識　147
匿名性　69, 75, 76, 119, 138, 168
匿名的状況　111, 116
都市型社会　25, 28, 29, 31, 75, 77, 82, 191, 193
都市型社会の成熟　25, 26, 44, 46, 69, 79, 178
ドラマトゥルギー　81, 82, 128, 146
トランザクション　39, 41
トランジション　193
トランジット・リテラシー　164
トランスポーテーション　52

■ナ行

名宛性　76
内部指向型　33, 168
長電話　22, 60, 61
二世界問題　121, 127, 131, 133, 162, 171
日記　182, 183, 185
ニューメディア　16, 21, 73
ネット空間　144, 173
ネット世界　146
ネットワーキング　104, 105, 112, 116, 170
ネットワーク・コミュニティ　104, 117, 122, 170
ネットワーク社会(ネット社会)　28, 104, 109, 168
農村型社会　25
ノリ　78, 99, 110, 145, 178

■ハ行

パサージュ　27
パソコン　71
パソコン・コミュニケーション　11, 42
パソコン通信　16, 39, 42, 43, 50, 52, 64, 75, 82, 91, 99, 100, 101, 103, 105, 107, 108, 113, 126, 131, 144, 146, 177, 181, 192
パーソナル化　11, 17, 36
パーソナル・コミュニケーション　11
パーソナル・メディア　9, 36, 50, 113, 148, 152, 164, 167
パーソナル・メディア経験　49, 98, 100, 152
パーティライン　75

話すことの強要　58,59
バーミンガム大学　18
番号通知　69,91
番通選択　92
非現前　71,119,120,141
非制度空間　120,183
非制度的関係　138
ビデオテックス　20
BBS　39,101,103,177
表現上の親密性　74,75,77
表現メディア　98
ファミコン　151,157,158,176
ファミリーコンピュータ　11
ファンタジー　155,161
ファンタスマゴリア(幻燈劇場)　156,176
フィスク　18
フェティシズム　64,115,156
フェティッシュ　64
フェミナン　62,63
フォーラム　103
負荷感　56,58,60,61,62,65
複製技術　176
複製メディア　10,12,34,192
プライバティゼーション　84
プリクラ　98
フリッピング　17
プレゼンス(現前)　111,114,160
プレゼンテーション　193
フレンドシップ　74,76,77,78,81,136,138
プロテウス的人間　168,186
プロテーゼ(装身具)　36
プロトコル　56,58
分身　162
ベル友　88,92,99,121,138
変身願望　137
変名　75
包括的コミットメント　91,98
放送メディア　52
ポケベル　43,73,81,98,144,189
ホスト局　103
ホームページ　38,39,42,103
ホモ・モバイル　82,85
ホモ・モーベンス　86,87
ホモ・ルーデンス　86

■マ行

マスメディア　9,10,11,12,13,14,16,17,19,21,26,134
マニエリスム　181
マルチメディア　148
巫女　71,78
ミニFM　20
ミニコミ誌　20
ミメシス　180
メガトレンド　24
メセクシス　180
メッセージ投射　146
メッセージ投射性　117
メディア空間　50,76,77,87,99,119,140,141,162,163,168,172,181,183,185,190,193
メディア経験　14,21,22,44,78,100,158,181,186,190
メディア決定論　177,178
メディア行為　94,131,142,181,184,186,192
メディア行為者　190,191
メディア・コミュニケーション　9,43,56,65,76,90,91,92,99,105,106,108,137,139,141,142,145,146,152
メディア再編　15
メディア自己論　185
メディア社会　13,35,139
メディアという着ぐるみ　162
メディア特性　16
メディア・ドラマトゥルギー　49,82,118,123,142
メディアネーム　75,76,80,137,145
メディアの敷居　56,57,80
メディアのパーソナル化　11,191
メディアの文法　98
メディアの野生　63
メディア・パートナー　74,76,77,78,102,127,136,137,139,186
メディア版自己　186
メディア風俗　126
メディア・フレンド(第四者)　74,78,109,134,135
メディア文化　38,73,78,93,94,100,140,141,148,190,191,193

メディア・ミックス　158
メディア・モード　94
メディア有害論　36
メディア融合　15, 53
メディア・リテラシー　13, 19, 21, 97, 99, 189, 192, 193
めまい(イリンクス)　153, 171
メーリングリスト　101
メール交換　126, 128, 132, 134, 135, 138, 140, 142, 182, 184, 185
メール・コミュニケーション　65, 99
メル友　81, 99, 107
メルフレ　127
メールフレンド　102, 126, 137
メール文化　42, 134
文字コミュニケーション　99, 145
文字モード　114, 116
モーティブトーク　66
物語性リアリティ　159, 161
物語としての人生　172, 173, 182, 193
「物語」パラダイム　172
モノローグ　62, 93, 146, 164
モバイル　43, 99
モバイル化　36
モバイル経験　85
モバイル・コミュニケーション　43
モバイル・メディア　83
モビリティ　75

■ヤ・ラ・ワ行

役割演技　97
山田村　113
有線放送電話　21, 94, 178
豊かな自閉　139
ユニバーサル・コミュニケーション　112
指輪物語　155
用件電話　56, 63, 84, 88, 94
読み手　18
夜のメディア　145
ライフコース　79, 81
ライフヒストリー　184
リアリティ感覚　31
リアリティの位相転移　64
リアリティの希薄化　9
リアリティの比重反転　64, 153, 164
リアルコミュニティ　122
リアルタイム・コミュニケーション　112
リスタート物語　137
リセット願望　142
リライト願望　142
リライト物語　137
レターカウンセリング　181, 182
ローカルメディア　19
わがまま　68, 78
話題のコミュニティ　105
ワン切り　88, 89, 96
ワンコール　88, 89, 90, 91, 92, 96

著者紹介

加藤　晴明（かとう　はるひろ）

　　1952年　新潟に生まれる
　　1986年　法政大学大学院社会科学研究科社会学専攻博士課程修了
　現　在　中京大学社会学部
　著　書　『コンピュータ革命と現代社会──1．社会・分化』（共著）
　　　　　　青木書店，1985
　　　　　『社会情報学のデザイン』（共著）福村出版，1988
　　　　　『伝統と新しい波』（共著）時潮社，1989
　　　　　『《情報》の社会学』（共著）福村出版，1994
　　　　　『現代社会文化論』（共著）東信堂，1997

2001年5月1日　初版発行　　　　メディア文化の社会学
2007年2月20日　第6刷発行

著　　者　加藤晴明
発 行 者　福村惇一
発 行 所　東京都文京区本郷4-24-8
　　　　　福村出版株式会社
郵便番号　113-0033
電　　話　03-3813-3981
広研印刷　加瀬製本

© Haruhiro Katoh　2001
Printed in Japan
ISBN978-4-571-41037-6　C3036

福村出版 ◆ 好評図書

小川一夫編著
新・くらしの社会心理学
ISBN978-4-571-25015-6 C3011

「心理学が好きになる」をコンセプトとして各方面で好評を博してきた『くらしの社会心理学』がリニューアル。

堀 洋道・山本眞理子・吉田富二雄編著
新編 社会心理学
ISBN978-4-571-25029-3 C3011

社会心理学の代表的な理論・実験を厳選してとりあげ、豊富な図表とともに丁寧な説明を加えた入門書。

宗方比佐子・佐野幸子・金井篤子編著
女性が学ぶ社会心理学
ISBN978-4-571-25020-0 C3011

女性に対する偏見や差別を社会心理学から解き明かす。はじめての女性のための社会心理学入門。

水田恵三・西道 実編著
図とイラストでよむ人間関係
ISBN978-4-571-25034-7 C3011

人は社会において何を想い、アクションを起こすのか。人間関係の基本を豊富な図とイラストで解説する。

岡村一成編著
産業・組織心理学入門〔第2版〕
ISBN978-4-571-25013-2 C3011

会社集団の中の人間関係、人材育成、モチベーション、ストレスから消費者行動・企業福祉までを心理学的に解説。

向井希宏・蓮花一己編著
現代社会の産業心理学
ISBN978-4-571-25030-9 C3011

作業環境、インターフェイス、エラーと事故、リスク、消費者行動などに焦点をあてて、最新の知見を紹介。

杉本徹雄編著
消費者理解のための心理学
ISBN978-4-571-25025-5 C3011

マーケティングにかかせない消費者の心理学的理解。意思決定のプロセスや変容、個人差や広告の影響も解明。

福村出版 ◆ 好評図書

J.A.L. シング著／中野善達他訳
野生児の記録①
狼に育てられた子
●カマラとアマラの養育日記
ISBN978-4-571-21501-8 C1311

狼に育てられた2人の少女の救出から人間社会への復帰に至るまでの養育日記。多くの示唆を与える必読の書。

A.V. フォイエルバッハ著／中野善達他訳
野生児の記録③
カスパー・ハウザー
●地下牢の17年
ISBN978-4-571-21503-2 C1311

地下牢に監禁され、17年間を過ごしたカスパー・ハウザー。1833年暗殺された彼の出現と成長の記録。

杉原一昭・新井邦二郎・大川一郎他著
よくわかる発達と学習
ISBN978-4-571-22040-1 C3011

豊富な図表と必須のキーワード網羅、そして2色刷で見やすく役にたつ入門書。ディベートコーナーやトピック付。

繁多 進編著
乳幼児発達心理学
●子どもがわかる　好きになる
ISBN978-4-571-23038-7 C3011

子どもを見る目を養ってほしい。子どもを好きになってほしい。そんな願いを込めて編集された入門書。

高野清純監修
事例 発達臨床心理学事典
ISBN978-4-571-24030-0 C3511

子どもの発達上の諸問題に関する重要な用語を広く精選し、解説に事例を付した発達臨床心理学事典の決定版。

編集企画／東　洋・繁多　進・田島信元
発達心理学ハンドブック
ISBN978-4-571-23027-1 C3511

発達心理学を総合的に見渡し、社会文化的アプローチ等新しい理論もとりあげ、一冊にまとめあげた大著。

詫摩武俊監修
性格心理学ハンドブック
ISBN978-4-571-24032-4 C3511

今までの性格心理学および関連分野からの研究成果の集大成と新しい性格観を4部構成にまとめる。

福村出版 ◆ 好評図書

S. S. ウォーリン著／福田歓一他訳
政治とヴィジョン〔近刊〕

ISBN978-4-571-40017-9 C3031

名著『西欧政治思想史』に2004年ウォーリンが7章にわたり現代政治に書き及んだ増補版の新訳である。

家永三郎・松永昌三・江村栄一編
新編 明治前期の憲法構想

ISBN978-4-571-31012-6 C3021

明治憲法の制定に先立ち，日本国民の各層の人々が構想した数十の憲法草案を集大成し，解説を付して収録。

①〜⑤原 奎一郎編／⑥林 茂・原 奎一郎編
原敬日記 全6巻（分売不可）

ISBN978-4-571-31530-5 C3021

政党政治の生みの親，原敬の20歳から生涯を閉じる66歳までの日記を復元。明治・大正期の第一級史料。

R. H. マイニア著／安藤仁介訳
東京裁判
●勝者の裁き

ISBN978-4-571-31003-4 C3021

記録を忠実に要約し，国際法・法手続き・史実の側面から，東京裁判の全貌を実証的にとらえる。

H. J. モーゲンソー著／現代平和研究会訳
国際政治
●権力と平和

ISBN978-4-571-40006-3 C3031

国際政治学の泰斗モーゲンソーによる最終改訂版の完訳。様々な方法による平和構築への理論的道筋を探る。

A. ファークツ著／望田幸男訳
ミリタリズムの歴史
●文民と軍人

ISBN978-4-571-31011-9 C3022

1929年の世界恐慌から第二次世界大戦までのヨーロッパの政治史的動向をドラマチックに描く。

A. ハミルトン他著／齋藤 眞・武則忠見訳
ザ・フェデラリスト

ISBN978-4-571-40015-5 C3031

1787〜88年に新聞各紙に掲載された，アメリカ合衆国憲法法案の解説・擁護論全85篇の集大成。政治学上の古典。